Manifiesto contrasexual

Paul B. Preciado

Manifiesto contrasexual

Edición del 20.º aniversario
con una nueva introducción del autor

Traducción de Julio Díaz y Carolina Meloni

EDITORIAL ANAGRAMA
BARCELONA

Título de la edición original:
Manifeste contra-sexuel
Ballard
París, 2000

La traducción ha sido revisada y la edición corregida y aumentada por el autor

Ilustración: © Sara Andreasson

Primera edición: abril 2011
Segunda edición: marzo 2020
Tercera edición: agosto 2020
Cuarta edición: abril 2021
Quinta edición: febrero 2022

Diseño de la colección: lookatcia.com

Pau Claris, 172
08037 Barcelona

ISBN: 978-84-339-6455-7
Depósito Legal: B. 2667-2020

Printed in Spain

Liberdúplex, S. L. U., ctra. BV 2249, km 7,4 - Polígono Torrentfondo
08791 Sant Llorenç d'Hortons

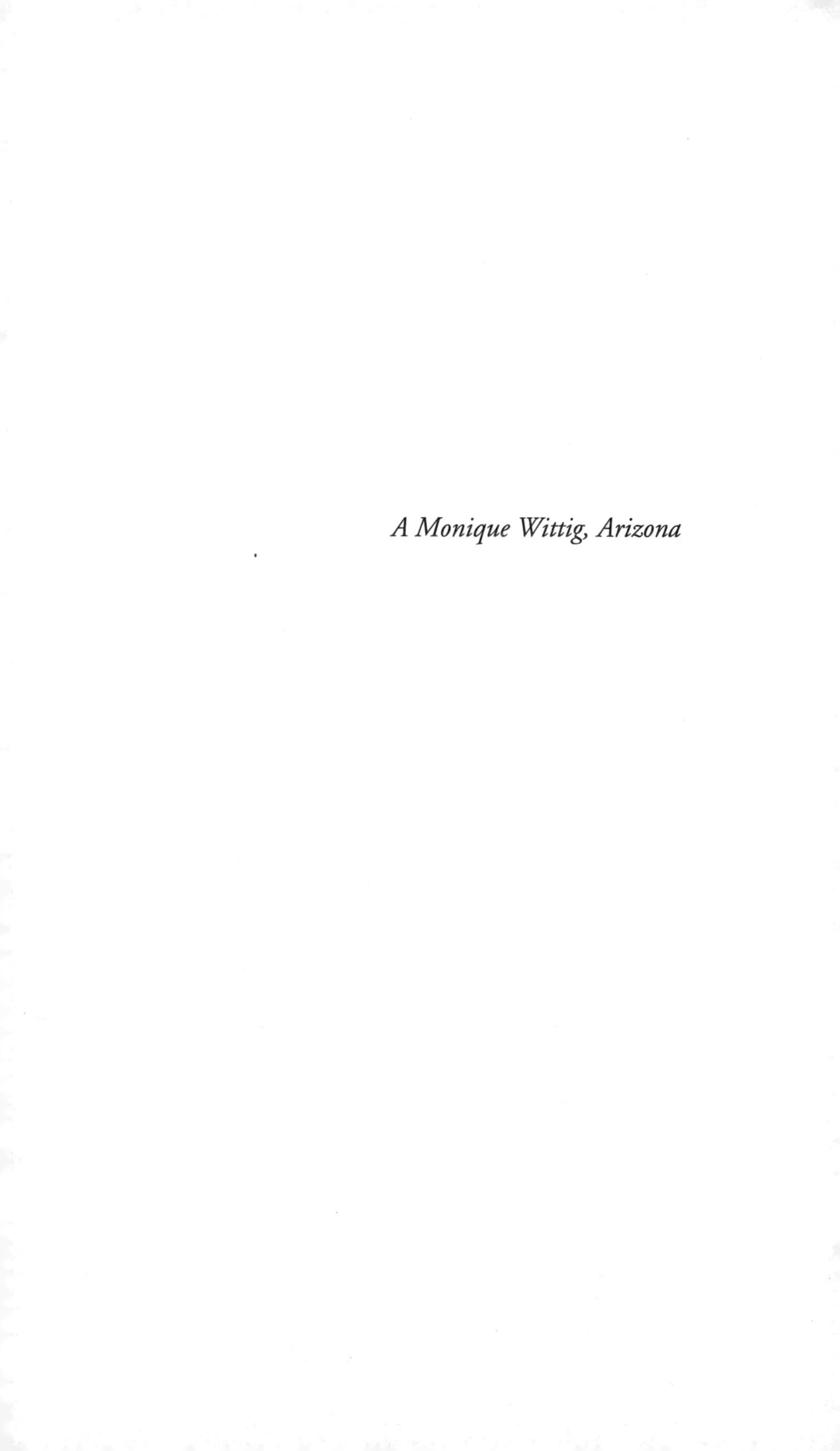

A Monique Wittig, Arizona

Es ciertamente peligroso que, al prolongar la fría investigación científica, se llegue a un punto en el que objeto deje de ser indiferente para convertirse en algo excitante. En efecto, la ebullición que contemplo, la que anima el mundo, es también mi ebullición. Por lo tanto, el objeto de mi investigación no puede distinguirse del sujeto mismo. Pero debo ser más preciso: no puede distinguirse del sujeto en su punto de ebullición. Así es como, antes incluso de tropezar con dificultades para encontrar un lugar en el panorama del pensamiento, mi proyecto chocaba con un obstáculo más íntimo, que es, por otra parte, el que da sentido fundamental al libro.

GEORGES BATAILLE,
La parte maldita, 1949

La primera novela, la de Adán y Eva, ha sido publicada demasiadas veces.

NATALIE CLIFFORD BARNEY,
Pensées d'une Amazone, 1920

NUEVA INTRODUCCIÓN AL «MANIFIESTO CONTRASEXUAL»

El manuscrito de *Los 120 días de Sodoma* es un rollo de doce metros de largo compuesto de pequeños trozos de papel pegados entre sí, escrito por ambos lados con tinta negra, que hoy puede ser observado en la Bibliothèque Nationale de France. Donatien Alphonse François de Sade lo escribió en tan solo treinta y siete noches mientras estuvo encarcelado en la Bastilla en 1785, en una oscuridad casi total y con la letra más pequeña que se pueda imaginar. Temiendo que le fuera confiscado –todo lo que escribía Sade era objeto de registro y susceptible de justificar inmediatamente nuevos cargos– lo introdujo dentro de un dildo de madera hueco para evitar que fuera detectado por sus carceleros. El maldito marqués explicó en su diario que mientras estaba encarcelado –lo que habría de representar la mayor parte de su vida, en once cárceles diferentes– pasaba el tiempo leyendo y escribiendo, comiendo y masturbándose: esto último, al parecer, y de acuerdo con su propio testimonio, más de seis veces al día. Fue para poder llevar a cabo estas prácticas de masturbación para lo que le pidió a su esposa, Renée-Pélagie, que mandara fabricar a los artesanos de Faubourg Saint-Antoine un *godemichet* de ébano o de madera de rosa de seis pulgadas de circunferencia y ocho o nueve de largo. «No es en mi bolsillo que los meto, sino en otra parte, para la cual son incluso demasiado pequeños», le dice Donatien a Renée en una carta de 1783 en la que confiesa «no poder vivir» sin sus dildos. Y es precisamente en uno de esos estuches anales huecos, protegido por una funda de cuero, donde Sade escondió su manuscrito. Hundido en los agujeros de los muros de piedra de la prisión y transformado en cofre, el *godemichet* de madera protegió el manuscrito del saqueo de la Bastilla. Tanto el objeto como su contenido secreto fueron recuperados por azar tres días antes de la toma de la Bastilla por Arnoux de Saint-Maximin y conservados en secreto durante años. *Los 120 días de Sodoma* no fue publicado hasta 1904: el psiquiatra alemán Iwan Bloch, escondido a su vez bajo el seudónimo de Eugène Dühren, reveló el contenido del libro como ejemplo de perversión extrema. Escrito y preservado en condiciones extraordinarias, *Los 120 días de Sodoma* no ha dejado de alimentar la imaginación sexual desde entonces.

La lección que nos enseña la supervivencia del texto más desafiante de Sade no es solo que los dildos huecos pueden ser útiles para ocultar secretos, o que un dildo puede eventualmente contener un libro, sino que, a la inversa, un libro puede funcionar como un dildo, penetrando el pensamiento de una época y convirtiéndose en una técnica capaz de hacer temblar el discurso normativo e imaginar otra sexualidad posible: el deseo y la imaginación son las armas más poderosas de una revolución.

Como un dildo, un libro es una tecnología cultural de modificación del cuerpo y de la subjetividad de su lector o de su usuario. En «Desembalo mi biblioteca», Walter Benjamin apunta que una de las formas más gloriosas de procurarse un libro es escribiéndolo uno mismo; quizás como una de las formas más genuinas de procurarse un dildo sea mandándolo construir, como hizo Sade, a un artesano; algo que hoy bien podría hacerse con una impresora 3D. Para Benjamin, el escritor es sobre todo el primer lector, el primer usuario, de su propio libro. Y ni que decir tiene que durante bastante tiempo yo fui no solo el primero, sino también el único lector de este *Manifiesto contrasexual.* No fue como escritor que escribí este *Manifiesto,* sino más bien como «usuario» de libros y de dildos. Pero luego el libro se puso a funcionar como una técnica de ficción capaz de transformar a su primer lector-usuario. El *Manifiesto contrasexual* fue escrito como un protocolo imaginario que proyectaba sobre la sexualidad el estilo de ruptura grandilocuente que las vanguardias artísticas de la modernidad, a menudo machistas y homófobas, usaron para enfrentarse al canon. Se trataba de un contramanual de uso del cuerpo que –entonces yo no lo sabía– me permitiría después iniciar un proceso para convertirme en otro, o más bien en otros, que aún continúa hoy por otros medios.

Cuando escribí este libro yo era, en el sentido administrativo y legal del término, otra persona. Otra ficción viva. Tenía veintiocho años, mi nombre legal era Beatriz, se me había asignado sexo femenino, me identificaba como lesbiana; digamos incluso que, frente al armario del feminismo dominante, era lesbiana radical. La palabra «radical» indicaba un cierto grado de politización de la sexualidad, un determinado índice de autoenunciación y de disidencia, una posición activamente antagónica no solo frente al régimen heteropatriarcal, sino frente a la cultura gay y a sus veleidades de integración en la sociedad heterosexual como uno de los estilos de vida dominantes del capitalismo tardío. Y fue el libro el que transformó a su escritor: el escritor de este libro era lesbiana radical, mientras que su primer lector dejaría atrás las categorías de hombre y de mujer, de heterosexualidad y de homosexualidad, para afirmarse como contrasexual.

Corría la última década del siglo pasado, George Bush empezaba el ciclo de las guerras del Golfo, mis amigos continuaban muriendo de sida (la triterapia no llegaría a los hospitales y a las farmacias hasta 1996), y yo iba cada día del Lesbian and Gay Center de Nueva York, en el número 208 de la calle West 13, hasta la esquina de la 14 con la Quinta Avenida, donde estaba la New School for Social Research y donde había empezado a hacer una tesis doctoral bajo la dirección de Jacques Derrida y Ágnes Heller. Mi extravagante hipótesis de trabajo, a partir de una lectura evidentemente no ortodoxa, por no decir descabellada, de *Las Confesiones,* pretendía analizar la conversión religiosa de Agustín de Hipona como un proceso de «cambio de sexo». Al convertirse (pensaba yo entonces, mucho antes de haber iniciado mi propio proceso de transición y cambio de nombre, y quién sabe si ensayando ya esa mutación de la manera más insospechada a través de esas lecturas patrísticas), Agustín pasó de un deseo lujurioso y una actividad sexual en auge a un imperativo ético de castidad y de autorrenuncia sexual. Agustín era, a su manera y con respecto a la formación sexual grecorromana, «transexual»: pasó de una economía del deseo a otra, de una epistemología del cuerpo a otra, contribuyendo a la invención de una nueva sexualidad (que se extendería después con el cristianismo) dominada por la introyección teológica del deseo, el control afectivo y la deserotización del cuerpo. Así es como empecé a pensar en la plasticidad sexual como algo que superaba las políticas de género del siglo XX, algo que permitía (más allá de la norma o de la opresión) la fabricación de un cuerpo y de un régimen de deseo diferentes.

Animado por Jacques Derrida e inspirado por el éxito del discurso sobre la «deconstrucción» en el campo de la arquitectura y por una atrayente beca me mudé de la New School a la Escuela de Arquitectura de la Universidad de Princeton. Entrar en el mundo de la arquitectura significó un desplazamiento radical de mi práctica filosófica. La tesis central del feminismo de finales del siglo pasado era que el género era la construcción cultural y performativa de la diferencia sexual. Pero los arquitectos me iban a complicar la tarea: «A qué tipo de construcción te refieres cuando dices que el género es socialmente construido?», me preguntaron, asegurando que la construcción era su principal «negocio». ¿Qué quería decir realmente «construcción del género»? Tuve que admitir que no lo sabía. La mayoría de las teorías de inspiración lingüística y psicoanalítica acerca de la construcción del género dejaban de lado el cuerpo y la sexualidad. La materialidad del cuerpo, vista como un residuo biológico que la construcción cultural no permitía disolver, había sido excluida de todos los debates y era ensalzada únicamente en las propuestas conservadoras, que entonces se conocían como «esencialistas».

Es así como mis dildos, que hasta entonces habían sido tan secretos en mis reuniones feministas como lo eran los de Sade en la prisión, se volvieron mis mejores aliados conceptuales. ¿Qué podía aprender del modo en que el dildo construía y deconstruía un cuerpo y una sexualidad? Comencé a prestar atención a los procesos de construcción biocultural de la diferencia sexual, a la materialidad de las tecnologías de género. Se trataba de mirar el cuerpo y la sexualidad como los arquitectos y los historiadores del urbanismo miran la ciudad. La arquitectura me ayudó a pensar en el impacto de las tecnologías visuales y tectónicas en la construcción cultural y política de los cuerpos y de las sexualidades. ¿Cómo funcionaban el corte, el encuadre, el collage, la replicación, la imitación, el ensamblaje, la estandarización, la distribución, la segmentación de los códigos culturales de género y de la sexualidad, de los órganos? ¿Cómo estaba regulada la circulación o la retención de los fluidos (sangre, leche, semen, agua, pero también tinta, electricidad, petróleo..)? ¿Cuál era el uso normativo y el uso disidente que diferentes cuerpos podían hacer de diferentes técnicas? ¿Cuáles eran los procesos de la privatización o la colectivización del cuerpo? ¿Cómo funcionaban la transparencia y la opacidad en la producción y la normalización de los sujetos sexuales en el espacio público? Si la arquitectura era una tecnología política que fabricaba el espacio social, entonces los cuerpos, los sexos y la sexualidad podían ser entendidos como arquitecturas orgánicas cuyas condiciones de vida y muerte, de reproducción o de aislamiento, de acoplamiento o de segregación, estaban también mediadas por dispositivos de poder.

El nihilismo, la filosofía posestructural y el feminismo *queer* habían dinamitado casi todas las instancias metafísicas que operaban en el ámbito del lenguaje: Dios había muerto, el autor había perdido el rostro, el género estaba siendo deconstruido... Pero el cuerpo (y sobre todo el cuerpo masculino, el pene, aquellos escasos centímetros de un pequeño órgano colgante) parecía ser, en el sentido crítico del término, *intocable*. La relación del dildo con el cuerpo me ayudó a entender las técnicas médicas de gestión de la diferencia sexual, los procesos de patologización y asignación de la diferencia sexual como tecnologías de diseño y la producción normativa del género como un proceso de implantación de prótesis políticas y de construcción de bioarquitecturas que podrían inscribirse en una historia más amplia de fabricación tecnológica del cuerpo sexual y de su gestión en el espacio social.

Sin duda, la vida en Nueva York me había catapultado a una cultura sexual netamente distinta de la que había conocido hasta entonces: después de haber pasado mi infancia en el contexto ultra-conservador y estrictamente agustiniano de una ciudad católica del norte de Castilla, vivía ahora dentro de la cultura *queer,* alimentándome casi en exclusiva de textos feministas y anti-racistas, rodeado de maricas, bolleras y trans a *los, las* y *les* que, con independencia de que se administraran hormonas o no, no era ni fácil ni pertinente identificar solo como hombres o como mujeres. Los libros de Judith Butler, Monique Wittig, Donna Haraway, Eve Kosofsky Sedgwick, Susan Sontag, June Jordan, Angela Davis, Audre Lorde o Kate Bornstein se mezclaban en mi mesilla de noche con los primeros dildos de silicona. Al mismo tiempo, varias décadas después de que fueran ensayados en las calles y en las luchas, la teoría *queer* y los estudios anticoloniales irrumpían en el ámbito académico sacudiendo los fundamentos de la filosofía occidental moderna y produciendo los instrumentos críticos que permitían pensar la vida que estábamos viviendo. Eran los últimos días del siglo veinte, se acababa de descubrir y de transformar en fármaco una combinación de moléculas que por fin prometía salvaguardar la vida de las personas seropositivas, al mismo tiempo que las hormonas llamadas «sexuales» comenzaban a circular más fácilmente en los círculos contraculturales haciendo que lo que hasta entonces habían sido los límites entre masculinidad y feminidad, homosexualidad y heterosexualidad, empezaran a desdibujarse. Me sentía imbuido de una libertad sexual y de género que hasta entonces no había podido ni soñar. Lleno de un optimismo eufórico, creía ver en el fin de siglo el final de un régimen epistemológico y político: contemplaba el planeta y la historia de la modernidad patriarcal y colonial inmersos en una imparable mutación, en un devenir *queer.*

Así es como acabé pasando de las especulaciones filosóficas a imaginar los cambios que se estaban produciendo en la sexualidad de finales de siglo, los procesos de desnaturalización y de invención que estaban teniendo lugar dentro del movimiento feminista radical, *queer,* intersex y trans en el que yo mismo estaba aprendiendo a construirme un cuerpo. A inventarme otra subjetividad. Es desde esa sexualidad y ese deseo disidente, desde ese cuerpo no autorizado, desde esa proximidad entre los dildos y la filosofía posestructural, desde donde surgió este *Manifiesto.*

VEINTE AÑOS DE REVOLUCIÓN

Escribí este libro en el invierno del año 2000, mientras viajaba entre Nueva York y París. Mi intención era extender a la sexualidad las conclusiones de las teorías de la performatividad del lenguaje de género de Judith Butler y de la tecnopolítica de los monstruos de Donna Haraway. El único y fastidioso problema fue que cuando este libro se publicó en Francia y en España los textos de Judith Butler y de Donna Haraway no habían sido aún traducidos. Eso hizo que su primera edición fuera para unos un ovni y para otros un extraño gusano salindo del infierno. Por eso, y porque en él se hablaba de dildos y de prótesis sexuales, de superación del binarismo hombre / mujer y de la división jerárquica entre heterosexualidad y homosexualidad. En Francia y en España se empezaban a organizar las primeras políticas de identidad homosexuales en los ámbitos institucionales, y, frente a ellas, este *Manifiesto* afirmaba que el objetivo de las políticas contrasexuales no era la integración de los homosexuales en la sociedad heterosexual, ni tampoco su afirmación identitaria, sino el cuestionamiento de la norma sexual y la invención de nuevas prácticas de subjetivación disidente.

Demasiadas cosas han sucedido desde que este libro fue escrito. El joven *Manifiesto* también ha visto cómo caían Bastillas y se reconstruían reinos. Un año después de que fuera publicado por primera vez en francés tuvieron lugar los ataques del 11 de septiembre en Nueva York. Mientras los países que habían comenzado la descolonización con la Conferencia de Bandung en 1954 avanzaban en un proceso imparable por invertir sus posiciones de subordinación económica, política y cultural, Occidente iniciaba el que será quizás el último ciclo de afirmación militar y racial de su hegemonía.

Cuando este libro fue escrito el feminismo no estaba de moda, en Francia y España la palabra «*queer*» no significaba nada y el único discurso público en torno a la homosexualidad era el *double-bind* de la patologización/prevención del sida. Para comprar un dildo de silicona era necesario viajar a uno de los sex-shops feministas de Londres, Nueva York o San Francisco. Internet no era más que una centena de páginas y una extraña función del ordenador que decía *You Got Mail*. No había ni porno feminista ni posporno y la gente ligaba en las fiestas, por minitel o, como yo, en las bibliotecas. Entre tanto, el movimiento gay blanco de clase media había absorbido, y después eclipsado y neutralizado, la fuerza revolucionaria de los movimientos homosexuales y trans de finales de los años setenta. La mayoría de las grandes metrópolis occidentales tenían barrios gays que representaban centros de visibilidad y consumo de la homosexualidad blanca de clase media. Sin embargo, ningún país había legalizado el matrimonio entre personas del mismo sexo ni la adopción homosexual. España no legalizaría el matrimonio homosexual hasta 2005, y Francia, que había votado tímidamente el PACs (la otra forma de unión civil, junto con el matrimonio, admitida en el derecho francés, en este caso abierta a las uniones entre personas del mismo sexo) en 1999, no lo haría hasta 2013. La visibilidad de las mujeres trans era limitada o estaba reducida al ámbito de la cultura del espectáculo, y no había ninguna voz pública de hombres trans, de personas intersexuales, de trabajadoras sexuales o de personas no binarias en Europa. Y definitivamente el feminismo seguía sin estar de moda.

En 2008, la crisis financiera causada por las hipotecas basura en Estados Unidos alcanzaría repercusiones globales, induciendo una crisis de la deuda pública y una precarización de las clases medias y trabajadoras. Al mismo tiempo, el recrudecimiento de las guerras en Irak, Irán, Afganistán y Siria, así como en numerosos lugares del continente africano, provocaría el éxodo de personas más intenso desde la Segunda Guerra Mundial. Vimos entonces cómo Europa cerraba sus fronteras y recrudecía sus políticas antimigración. Si hasta entonces la expansión del capitalismo liberal parecía venir acompañada de la extensión del modelo de democracia representativa, aparece después de la crisis un nuevo modelo político de democracia neoconservadora que combina un neoliberalismo económico extremo con el lenguaje sexocolonial nacionalista que caracterizó la formación de los imperios del siglo XIX.

A partir de 2010, y frente a las expectativas de despolitización y apatía que rigen la lógica neoliberal, cientos de miles de cuerpos salen a las calles y se reúnen en las plazas de todo el mundo. Las prácticas feministas y *queer,* sus modos de poner el cuerpo y de situar el discurso, dieron forma a las asambleas de las plazas, desde las ocupaciones de Tahrir hasta las del 15-M. El feminismo y las políticas *queer* estaban encontrando nuevas formas de acción, pero, sin embargo, los lenguajes del feminismo seguían sin estar de moda.

Hasta 2017, cuando se difunden a través de las redes sociales y de los hashtags #MeToo y #BalanceTonPorc una cadena de denuncias de mujeres en Estados Unidos, Francia e Inglaterra... y después rápidamente de todo el mundo contra abusos sexuales cometidos por hombres, a menudo en el marco laboral. Las denuncias surgen primero en el ámbito del cine americano y después en el de la cultura. Los medios de comunicación se hacen eco masivamente de las protestas. El movimiento genera un auténtico seísmo social. Se estaba produciendo la articulación de un nuevo movimiento feminista global. Y aunque, como alerta la activista boliviana María Galindo, la voz de un feminismo blanco liberal hegemónico amenaza con borrar las voces, los cuerpos y los nombres de las mujeres racializadas, proletarias, trabajadoras sexuales y trans, la visibilidad de los lenguajes feministas en los medios de comunicación y la cultura popular ha generado una situación radicalmente diferente a la del año 2000, cuando este libro fue publicado por primera vez.

El feminismo (un feminismo blanco y liberal) se ha puesto de moda. Y frente a él, los lenguajes arcaicos de la razón patriarcal y colonial levantan un nuevo frente neofascista. Pero en diálogo y en tensión con las voces dominantes del feminismo liberal y del tecnopatriarcado colonial existe una revolución profunda y subterránea que está teniendo lugar en el ámbito de las prácticas sexuales y de género. Una revolución que cuestiona la epistemología de la diferencia sexual. Durante las dos primeras décadas del siglo XXI se han articulado formas inéditas de lucha y de representación política que cambiarán lo que entendemos por un cuerpo vivo y por un sujeto político con derechos sociales.

El movimiento transexual y transgénero está adquiriendo a la vez visibilidad cultural y reconocimiento legal. Las prácticas de disidencia sexual comienzan a generar posiciones asintóticamente distantes tanto de la heterosexualidad normativa como de los códigos dominantes de la masculinidad y de la feminidad. La estética *gender fluid* se extiende entre *les niñes* y adolescentes y aumentan las demandas de reconocimiento legal de las identificaciones de género no binario. Aparece una nueva generación que rechaza identificarse con los modelos tradicionales de pareja monógama y afirma la práctica del poliamor. Las redes sociales y las aplicaciones se constituyen en el primer espacio relacional. Numerosas producciones independientes exploran la invención de un nuevo lenguaje audiovisual pornográfico feminista y *queer*... Quizás las prácticas de este *Manifiesto* ya no sean necesarias. Ahora son una voz entre cientos de miles de voces.

UNA GRAN SALUD QUEER: HACIA UNA CLÍNICA CONTRASEXUAL

Las teorías feministas y *queer* del último *fin de siècle* llevaron a cabo un gigantesco esfuerzo de desmantelamiento de la razón patriarcal, del lenguaje colonial y heterosexual que atraviesa toda la filosofía occidental. Extendiendo sus hipótesis críticas a los ámbitos del cuerpo y de la sexualidad, este *Manifiesto* intentaba utilizar la prótesis más desautorizada (el dildo) para perturbar las tres narrativas modernas del capitalismo patriarcocolonial: el marxismo, el psicoanálisis y el darwinismo. Frente a Marx, la contrasexualidad sitúa la reproducción en el centro de la economía política; frente a Freud, pretende descolonizar y rehabilitar el «fetiche» como la tecnología cultural que permite la fabricación de cualquier cuerpo como cuerpo sexual soberano; frente a Darwin, cuestiona el binarismo sexual y la división animal/humano como algo compartido a lo largo de toda la rama así llamada «mamífera» de la evolución. La contrasexualidad es antiedípica y asintótica con respecto a las narrativas del progreso capitalista histórico y de la redención planetaria humanista.

Este *Manifiesto* puede leerse hoy como una respuesta cómica a los dilemas del esencialismo/constructivismo que acapararon, hasta casi inmovilizarlos, la filosofía, la teoría de género y los discursos antropológicos de finales del siglo XX, pero también como una reacción al psicoanálisis y a la psiquiatría normativos que dominaban los foros tanto académicos como terapéuticos destinada a pensar la sexualidad y la liberación política. Habla el lenguaje de todos ellos. Pero lo habla, como Carla Lonzi, escupiendo a la cara de Hegel, y de vez en cuando también a las de Freud y Lacan.

Siguiendo los pasos del giro feminista y *queer,* los ejercicios incluidos en este *Manifiesto* podrían ser entendidos como una clínica contrasexual. El psicoanálisis parte de la experiencia psicológica y sexual del cuerpo masculino entendido como cuerpo con pene potencialmente penetrante. Poco importa que al pene lo llamen falo. El modelo corporal y político del psicoanálisis es la masculinidad blanca heterosexual con pene. Frente a este modelo corporal, el psicoanálisis reduce el dildo a una instancia fálica, a un objeto que permite mantener la ilusión de poder negar la absoluta y ontológica diferencia sexual evitando el complejo de castración. Contra Freud y Lacan, Deleuze y Guattari entendieron la noción de complejo de castración como una de las «construcciones ideológicas» del psicoanálisis. La experiencia política y teórica elaborada por los movimientos *queer* y trans en los últimos años ha ampliado y radicalizado la propuesta de *El Anti-Edipo*.

La noción psicoanalítica de castración depende de una epistemología heteronormativa y colonial del cuerpo, de una cartografía anatómica binaria en la que solo hay dos cuerpos y dos sexos: el cuerpo y la subjetividad masculinos, definidos en relación con el pene, un órgano genital (más o menos) extruido, y el cuerpo y la subjetividad femeninos, definidos por la ausencia de pene y por la invaginación; por el supuesto heterosexual de la penetración y el supuesto patriarcal de la reproducción. El psicoanálisis normativo reposa sobre una estética de la diferencia sexual: lo extruido frente a lo invaginado. Esta dialéctica de tener o no tener pene se presenta como un dilema entre dos posibilidades mutuamente excluyentes. Para los lenguajes psiquiátricos y psicoanalíticos normativos, fuera de este binario solo hay patología y discapacidad.

Este *Manifiesto* fue la respuesta furiosa e impertinente a la castración patriarcocolonial de la multiplicidad radical y de la infinitud de formas de producción de deseo y de placer de la que cualquier cuerpo es capaz. Vivimos en un mundo donde el diagnóstico violento de género es una práctica legalizada en todos los hospitales modernos, en los que se lleva a cabo una asignación de género obligatoria de acuerdo con el binarismo; un mundo donde a pesar de la separación técnica de la heterosexualidad y la reproducción que la píldora permite desde los años sesenta del pasado siglo, la heterosexualidad sigue siendo declarada la forma normal y natural de reproducción sexual; un mundo donde las hormonas, las prótesis y las cirugías permiten una experiencia encarnada de transición de género, pero donde la normalización del género es el requisito político para cualquier proceso de reasignación; un mundo donde ya se están llevando a cabo experimentos con la impresión en 3D de la piel y de los órganos, pero siempre dentro del marco de las normas hegemónicas de género y raza. Y sin embargo nosotros, intersexuales, tullidos, homosexuales, cuerpos racializados, trans... existimos, hablamos y actuamos. Nuestros cuerpos y subjetividades pueden no tener existencia política o anatómica, y a pesar de todo existimos, vivimos al mismo tiempo dentro y en contra del régimen binario sexual y de género.

La castración no es simplemente una figura narrativa del lenguaje psicoanalítico. Desde los años cincuenta, y con la globalización del «protocolo Money» de asignación sexual, la castración se ha convertido en una de las técnicas centrales de fabricación de un cuerpo sexuado desplegadas por el complejo médico-farmacológico industrial. Llamo «castración» a un conjunto de procedimientos y normas quirúrgicas y endocrinológicas que buscan reducir la diversidad morfológica y sexual irreductible de los cuerpos al binarismo sexual (pene/ausencia de pene, extrusión/invaginación) sometiendo a los llamados bebés con diferencias en el desarrollo sexual, a los que la medicina diagnostica como «intersexuales», a operaciones de mutilación con el fin de producir técnicamente la diferencia sexual.

La narrativa psiquiátrica y psicoanalítica dominante y su economía genital binaria funcionan como dispositivos clínicos que acompañan al régimen colonial heteronormativo definiendo instancias de patología y buscando un tratamiento normalizador frente a la ansiedad y al dolor psíquico que generan la epistemología de la diferencia sexual y su régimen de poder y conocimiento: «Acepta que eres un hombre o una mujer», dicen el psicoanálisis y la psiquiatría farmacológica, «asume tu heterosexualidad o tu homosexualidad»; «cambia de sexo si quieres, pero elige un sexo». El mismo patriarcado que nos patologiza y nos viola pretende además operarnos y curarnos. La psiquiatría y la farmacología dominantes funcionan como cámaras «terapéuticas» en las que se nos enseña a aceptar, erotizar y sublimar la violencia del régimen heteropatriarcal binario. Se trata de técnicas clínicas a través de las que se desactiva la posibilidad de transformar la angustia y el dolor psíquico que el régimen heterocolonial produce para evitar que estos puedan ser catalizados en forma de rebelión política y transformarse en procesos colectivos de subjetivación crítica.

De vuelta del callejón sin salida de la hermenéutica psicoanalítica y de los debates esencialismo/constructivismo, tomé el dildo, un órgano que me era familiar, pero al mismo tiempo seguía siendo extraño, como un fetiche teórico y un arma mutante anticastración. Este artefacto más bien banal parecía realizar una conversión de la sexualidad femenina y lesbiana en *otra cosa,* algo tan insoportable e incalificable que debía permanecer clandestino hasta en los círculos feministas más sofisticados. Lo curioso es que el dildo resultaba igualmente molesto para mi psicoanalista lacaniana y para mis amigas feministas. Tanto el psicoanálisis como el feminismo nos obligaban a escribir la política del dildo en un minúsculo papel y a ocultarlo secretamente dentro de ese mismo dildo en los muros de la Bastilla del feminismo liberal. Para ambos, el dildo era un significante abyecto, un síntoma patológico del deseo omnipotente no castrado o incastrable y la réplica de una forma dominante y fálica de masculinidad.

Pero mi experiencia del dildo era radicalmente distinta de las conjeturas psicoanalíticas y de las suposiciones feministas conservadoras. Me interesaba la gramática no identitaria que el dildo permitía introducir en los cuerpos y en las sexualidades. El dildo eludía la disyuntiva entre tener y no tener y la sustituía por un continuo de distintas modalidades de agencia y potencia. El dildo no pertenecía a la ontología de la esencia, ni al orden de la propiedad. Era y no era un órgano, de modo que, aunque perteneciera a alguien, no podía ser totalmente poseído. El dildo instalaba en el cuerpo una economía de multiplicidad, de conexión, de cooperación, de transferencia y de uso. El dildo se negaba a ser inscrito en el cuerpo para crear una identidad o una integridad orgánica. Como un aliado de la revolución, estaba del lado de la desposesión y del nomadismo.

Aunque aparentemente un instrumento de baja tecnología, el dildo es una herramienta epistémica muy poderosa. El dildo es al sexo y a los sistemas normativos de representación de los órganos sexuales lo que el cyborg es a la división naturaleza/cultura. Al igual que el cyborg, el dildo está situado en el borde mismo de la tradición capitalista y colonial de dominio masculino. Si el pene es la encarnación orgánica de esta tradición hegemónica, el dildo es su otro-cyborg. Aunque fabricado según la lógica de la representación y apropiación de la naturaleza (a veces imitando un pene), el dildo, al igual que el cyborg, excede esa tradición, llevándola a sus límites a través de la parodia y de la transgresión. La ontología del dildo es posnaturalista y posconstructivista. La política del dildo es posidentitaria. En el límite mismo de la vida y la muerte, de lo orgánico y de la máquina, la prótesis introduce en el sexo y en la sexualidad la ontología del devenir y de la desposesión, y la política del travestismo somático.

Este manifiesto afirma que la sexualidad no puede reducirse ni a la diferencia sexual ni a la identidad de género. La sexualidad se define aquí como una política corporal, una estética del gesto, una ética de la relación. Las sexualidades se parecen a las lenguas: son sistemas complejos de comunicación, invención y reproducción de la vida. Como las lenguas, las sexualidades son construcciones históricas con genealogías específicas e inscripciones bioculturales. Al igual que las lenguas, las sexualidades se pueden aprender. Se pueden articular varias sexualidades, como se hablan varios idiomas. Como sucede a menudo en el monolingüismo, una sexualidad se nos impone en la infancia y adquiere el carácter de un deseo naturalizado. Estamos entrenados en el monolingüismo sexual. El monolingüismo sexual es el lenguaje que no podemos percibir como un artefacto social, el que entendemos sin poder escuchar plenamente su acento o su melodía. Entramos en esa sexualidad a través de los actos médicos y legales de asignación de género, a través de la educación y del castigo, a través de la lectura y de la escritura, a través del consumo de imágenes, de la mímica y de la repetición corporal, a través del dolor y del placer. Y, sin embargo, podríamos haber entrado en cualquier otra sexualidad bajo un régimen diferente de conocimiento, de poder y de deseo. Aun así, podemos aprender cualquier otro lenguaje sexual con un mayor o menor sentido de alienación y de extrañeza, de libertad, de gozo o de apropiación. Es posible aprender e inventar otras sexualidades, otros regímenes de producción de deseo y placer. Pensando la sexualidad como lenguaje y estética, este manifiesto llama a superar el formalismo sexual, el funcionalismo reproductivo y el imperio de la visión binaria. La contrasexualidad es un intento de volvernos extraños a nuestra propia sexualidad, de desnaturalizar nuestro propio monolingüismo sexual, y de perdernos e inventarnos en la traducción sexual.

REALISTAS VERSUS CONTRASEXUALISTAS

El pianista Glenn Gould decía que había dos tipos de músicos: los virtuosos, para los que el piano se convierte en un fin en sí mismo, y aquellos para los que el instrumento es simplemente la interfaz a través del que nuestra materialidad sensorial encarnada accede a la esfera de la música, produciendo un sonido, creando una melodía que nunca ha sido oída antes de que sea interpretada. El músico virtuoso alcanza la reproducción excelsa del canon en escasas ocasiones, y el envejecimiento o la enfermedad de su cuerpo garantizan irremediablemente el fallo. Sin embargo, para el segundo tipo de músico la transformación constante del cuerpo y de su agenciamiento con el instrumento no supone sino la renovación de las posibilidades estéticas.

Siguiendo a Gould, podríamos decir que existen dos tipos de políticas sexuales: aquellas para las que el objetivo de la actividad sexual es la repetición virtuosa de la partitura de su identidad de género y sexual (masculina o femenina, heterosexual u homosexual) según una cierta definición de las funciones propias de los órganos y de los cuerpos (erección, eyaculación, orgasmo, reproducción, etc.) y aquellas para las que el órgano (biológico o sintético, vivo o tecnosemióticamente incorporado) es simplemente la interfaz a través de la que los cuerpos acceden a ciertas formas de placer o de producción de afectos que no pueden ser representadas ni por la diferencia sexual ni por la identidad de género o sexual. Llamaremos a las primeras «realistas» o «genitalistas», practicadas por heterosexuales y homosexuales «naturalistas», seguidores, conscientes o no, de la estética médico-jurídica de la diferencia sexual y de la industria del entretenimiento porno dominante. Frente a las prácticas realistas o genitalistas, nos referiremos a las segundas como «contrasexualistas».

El realismo promueve la automatización sexual: apoyado por sistemas médico-legales y por técnicas farmacopornográficas, el realismo es la tecnología política que permite inyectar determinismo en los procesos de reproducción social. Los realistas, hetero u homo, follan dentro de la cadena de montaje biopene-biovagina. Su estética es el porno heterosexual o gay dominante, de lo más vainilla a lo más quinqui: una combinación de códigos que representan la erección del pene, la penetración biopene-biovagina, y la eyaculación. Existen dos modalidades del realismo: el genitalismo patriarcal y el matriarcal. Ambos conviven dentro del régimen capitalista. En la estética genitalista patriarcal, el pene (erecto) es mejor que la vagina, es mejor que la mano, es mejor que el pie, es mejor que el ano, es mejor que el dildo y que ningún otro órgano vivo o técnico. El pene (erecto) es sobre todo mejor que el pene (flácido). La mayoría de los filósofos, de los psicólogos, sociólogos y antropólogos, novelistas y artistas... de la modernidad (Rousseau, Kant, Hegel, Schopenhauer, Heidegger, Merleau-Ponty, Sartre, Peter Sloterdijk...) eran o son, de forma confesa o no, de forma consciente o no, realistas sexuales. Existe un segundo tipo de genitalistas matriarcales para los que la capacidad generativa, el útero y la reproducción sexual llevada a cabo por las cis-mujeres (mujeres a las que se les ha asignado el sexo femenino en el nacimiento) es la única ontología de la sexualidad. En esta lógica, la diferencia sexual es sobre todo la diferencia entre el útero y todo lo que puede inseminar al útero. Aquí, por supuesto, el dildo y todos los penes flácidos, penes maricas, penes no penetrantes, penes no productores de esperma, clitopenes trans o simplemente penes dotados de esperma infértil son considerados como dispensables y ontológica y políticamente subalternos.

El capitalismo sexocolonial automatiza la sexualidad, aumentando el trabajo (en su mayoría no remunerado) y la productividad sexuales pero también la producción de identidades sexuales convencionales, que se convierten en el blanco de la gobernanza política y económica. Contra la automatización sexual, la dildotectónica es la sexualidad del sujeto posgénero y possexualmente desidentificado. El verdadero objetivo de las prácticas contrasexuales no es ni el placer físico (que siempre puede transformarse en ganancia) ni la producción de identidad, sino el gasto exuberante y la experimentación, que promueven creatividad psicosomática e invención de libertad.

Un órgano sexual no es un órgano morfológico predeterminado identificado como pene o vagina, como masculino o femenino, según la estética de la diferencia sexual. Un órgano sexual es cualquier órgano (inorgánico u orgánico) que tiene la capacidad de canalizar la *potentia gaudendi,* la capacidad de gozar inherente a todo ser vivo, a través de un sistema nervioso que conecta un cuerpo con su exterioridad produciendo una red gozosa interconectada de cuerpos y máquinas.

El régimen de la hegemonía patriarcal y de la diferencia sexual (que prevalece en términos políticos, aunque en el sentido científico ha estado en crisis desde al menos los años cincuenta del pasado siglo) es equivalente en el dominio de la sexualidad a lo que el monoteísmo religioso fue en el ámbito de la teología occidental. Así como era imposible (o más bien sacrilegio) que el Occidente medieval cuestionara la existencia del Dios y la teología del Libro, resulta hoy imposible (o más bien antinatural o patológico) cuestionar el binarismo sexual y la estética morfológica de la diferencia sexual. Sin embargo, el binarismo sexual y la estética de la diferencia sexual son solo categorías históricas, mapas cognitivos y políticos que enmarcan y limitan, normalizan y jerarquizan la forma proliferante de nuestro deseo. La lógica del binarismo sexual, así como la diferencia entre homosexualidad y heterosexualidad, son los efectos de la subyugación de la *potentia gaudendi* de cada cuerpo singular a un proceso de industrialización de la reproducción sexual. Los cuerpos solo son reconocidos como humanos en cuanto productores potenciales de óvulos o espermatozoides para ser ubicados dentro de una cadena de producción y reproducción fordista de la familia y por extensión de la nación, de la corporación... del humanismo terráqueo.

Nuestra tarea política es liberar a las fuerzas productivas del deseo de la captura capitalista heterosexual y colonial. Aquello que reconoces como tu propio deseo no es tu propiedad inalienable, es ya una prótesis maquínica del poder que ha tomado algunos de tus órganos como sitios naturalizados de producción libidinal excedente. Es preciso liberar tu pene, tu vagina, tu dildo, tus manos, tu lengua, tus piernas, tus ojos, tu ano, tu pecho, tu nariz, tus brazos, tus ovarios, tus testículos, tus óvulos, tus espermatozoides... es preciso liberar cada célula de tu cuerpo. Si el operaísmo afirma que la plusvalía –el valor agregado en la producción y en el desarrollo de las potencialidades constituidas por la apropiación de capital fijo– deriva esencialmente de la cooperación social productiva, la contrasexualidad afirma que la plusvalía sexual deriva de la cooperación sexual, de la producción colectiva de deseo. El único sexo que aquí nos interesa es el sexo colectivo y extranjero, es decir, el proceso a través del cual el deseo individual se transforma en algo radicalmente extraño a sí mismo, irreconocible dentro de la epistemología de la diferencia sexual, irreductible a una identidad sexual, y recorre después el campo social hasta llenarlo de un improductivo temblor.

El fracaso de la izquierda durante el siglo XX y lo que va de XXI radica en su incapacidad para redefinir la soberanía en términos distintos a los del cuerpo patriarcal occidental, blanco, biomasculino. Consciente de la necesidad urgente de una transición política, este *Manifiesto* propone construir un cooperativismo libertario somático planetario, una cooperación de (todos) los cuerpos vivos dentro de la Tierra y junto con ella. Es necesario superar la distinción entre producción y reproducción (naturalizada en términos de masculinidad y feminidad, respectivamente) que se sitúa en el núcleo de la división del trabajo dentro del capitalismo heterosexual colonial moderno: la nueva organización política del trabajo no puede lograrse sin una nueva organización política del sexo y la sexualidad. Esto implica que los órganos sexuales tal como los conocemos, relacionados con las funciones reproductivas y las coreografías heterosexuales normativas (penetrador, penetrado), necesitan ser transformados. Primero, las funciones reproductivas deben ser separadas, extraídas y desterritorializadas de los órganos biológicos. El uso de nuestras células reproductivas podría decidirse colectivamente, nuestras diferentes cadenas de ADN podrían ser tratadas como una riqueza colectiva común, el resultado de millones de años de mutación, de aprendizaje y de transformación. La transformación total de la sexualidad demanda una transición institucional. Tendremos que eliminar las estructuras organizativas acostumbradas y naturalizadas del sexo que han funcionado como mano de obra barata o impagada en las instituciones tradicionales: familias, matrimonios y parejas.

La transición del régimen disciplinario heterosexual al farmacopornográfico efectuada durante la década de los cincuenta ha provocado la irrupción en el cuerpo, en la sexualidad y en el deseo de los procesos de abstracción, automatización y consumo que habían sido desplegados en la fábrica y la economía de extracción y transformación de materias y de energía planetaria durante los últimos cuatro siglos. En poco tiempo, el funcionamiento de los órganos y de las prácticas sexuales (una coreografía sexual con un guión predeterminado y resultados productivos) ha sido sometido a una creciente codificación y digitalización comercial. Vivimos en la era de las prótesis de subjetivación: prótesis semiotécnicas y cibernéticas que funcionan como ordenadores portátiles, prótesis químicas comercializadas en forma de medicamentos legales. Si hasta mediados del siglo XX las instituciones disciplinarias (familia, escuela, hospital, etc.), y a través de ellas el Estado-nación patriarcocolonial, ostentaban la hegemonía de la definición del sexo y de la sexualidad, a partir de los años cincuenta esas instituciones comparten, y a veces se disputan, esa hegemonía con y contra los nuevos gigantes corporativos farmacopornográficos, que controlan los medios de producción prostéticos: Google, Facebook, Novartis, Roche, Pfizer, Sanofi, YouTube, YouPorn, Tinder, etc. En los últimos veinte años hemos pasado de tener relaciones sexuales privadas con cuerpos en la cama a tener relaciones sexuales con sustancias en las pantallas accesibles a la mirada pública: follar quiere decir ahora comunicar digitalmente y consumir en red.

La lucha contemporánea que la contrasexualidad nombra no supone la elección de una vía contra la otra. No preconizamos aquí, evidentemente, una vuelta a la cama disciplinaria ni a la anatomía política heteropatriarcal. Pero tampoco militamos por una desdigitalización del cuerpo. La tarea de reapropiarse micropolíticamente del cuerpo sexual no puede consistir en privarlo de los medios de representación o las biotecnologías que lo sustentan. Somos medios de comunicación y entidades vivientes bioculturales. Necesitamos reapropiarnos críticamente de las prótesis de subjetivación sexual que nos constituyen. No nos obstinemos en oponernos a ninguna de esas dos fuerzas de manera frontal. Es mejor dejar que ambas (la disciplinaria y la farmacopornográfica, la arquitectónica y la químico-digital) se destruyan en una lucha por la captura energética del cuerpo. Entre tanto, debemos ocuparnos de inventar una tercera vía. Adoptando una distancia crítica frente a ambas posturas, nuestra tarea consistirá en inventar un nuevo lenguaje, hacer un cortocircuito en los códigos existentes, postular nuevos órganos y funciones sexuales, experimentar otras instituciones de reproducción colectiva y de comunicación deseante.

Frente a la agenda legal liberal reformista e integracionista que los movimientos de identidad LGBTIQ+ han desarrollado a partir de los años ochenta, la contrasexualidad propone una nueva configuración de la relación entre deseo, cuerpo y sexualidad, entre tecnología y conciencia, que cuestione la epistemología de la diferencia sexual y sobrepase las identidades sexuales binarias. Frente a una lucha por el reconocimiento y la representación de las identidades de acuerdo con los medios democráticos tradicionales (votar, cambiar las leyes, criminalizar, etc.), preferimos aquí una experimentación radical con las nuevas prácticas de emancipación sexual colectiva y de autogobierno sexual. En un tiempo farmacopornográfico, cuando las fuerzas somáticas han sido capturadas por medio de tecnologías biomoleculares y audiovisuales cibernéticas, el placer mismo ya no puede ser la fuerza emancipadora que Marcuse estaba esperando. En cambio, necesitamos abrir un terreno revolucionario para la invención de nuevos órganos y deseos, para los que el placer aún no ha sido nombrado y definido; de nuevas subjetividades que no pueden ser representadas por las políticas de identidad.

La tarea de la transición hacia la externalización cooperativa de las células reproductivas y la transformación de las instituciones sexuales no puede delegarse al Estado y a sus comandos verticales, que no solo son patriarcales sino que ahora, desvitalizados por el proceso de privatizaciones neoliberales, se han vuelto ineficientes. Tampoco puede delegarse a la cooperación neoliberal y a su red horizontal de corporaciones en constante crecimiento. Nuestro objetivo es la invención total de los órganos y de las subjetividades por medios autónomos. Ni la revolución ni la producción pueden planearse. Es la mutación, como un proyecto abierto, que permanece inexplorado, la que debe ser deseada.

La invención de nuevos cuerpos solo será posible mediante el ensamblaje y la hibridación de experiencias llevadas a cabo en los límites de lo que tradicionalmente se entiende como identidades propias: órganos, funciones y cuerpos se remodelarán en el umbral de la homosexualidad y de la heterosexualidad, de lo que hasta ahora hemos entendido por trans y bio, válido e invalido, blanco y racializado, animal y humano, organismo y máquina. Estas identidades (que nunca existieron como naturaleza, sino solo como nudos de condensación de poder y lenguaje en el régimen patriarcocolonial) se volverán progresivamente obsoletas. Inspirada por fantasías de superpoder poshumanistas, la experimentación en los límites de las identidades bioculturales tradicionales ya está teniendo lugar en los ámbitos de la medicina comercial, como prueba la fabricación de órganos híbridos animal-humano diseñados para el trasplante humano. Sin embargo, estos experimentos están en las antípodas de nuestros ideales libertarios y somático-cooperativistas, puesto que no buscan la liberación de los cuerpos que habían sido objeto de opresión política, sino su reducción total a territorio de captura energética por parte de las clases somático-dirigentes.

Los principios de la sociedad contrasexual surgieron de la necesidad de pactar un nuevo contrato social que reconozca la irreductible multiplicidad del viviente. La sociedad contrasexual demanda la modificación de la epistemología normativa de la diferencia sexual y su substitución por una epistemología contrasexual, es decir, un paradigma en el que las diferencias anatómicas o cromosómicas entre los cuerpos no sean la base de una identificación de género o sexual, ni el argumento que legitime ningún tipo de privilegio, de opresión o de violencia. El *Manifiesto contrasexual* es una llamada a despatriarcalizar y descolonizar nuestras instituciones políticas y sociales para redistribuir poder y saber y para transformar las formas de la vida colectiva.

Proponemos aquí mirar cualquier sexualidad como un agenciamiento político entre varios cuerpos previamente conectados. No hay aquí diferencia entre producción y reproducción, entre práctica y conocimiento. Todo trabajo sexual (pagado o no pagado, dentro o fuera de las relaciones codificadas como matrimonio o pareja, reproductivo o no) debe ser considerado también trabajo cognitivo, ya que depende de un sistema tecnosemiótico: no hay sexualidad sin lenguaje, sin ficción, sin coreografía del gesto. Esta afirmación se deriva de la comprensión de que la estructura de la sexualidad ha cambiado dentro del régimen farmacopornográfico. La opresión y la explotación ya no dependen de la extracción del excedente de *potentia gaudendi* de un cuerpo a manos de otro cuerpo. La *potentia gaudendi* como excedente nunca es el producto de un único órgano biológico (ya sea el pene o la vagina, el punto G o incluso el cerebro), sino que siempre se genera a través de la cooperación sexual, y de ahí que la red farmacopornográfica de medios semiotécnicos, mediáticos y bioquímicos y las tecnologías de producción y consumo derivadas de ella que construyen la sexualidad contemporánea no deban ser propiedad de nadie en concreto, ni ser asimiladas a un único tipo de cuerpo o de sexualidad. Llamaremos a esta forma de producción «sexo *copyleft*».

Es necesario desarrollar el conjunto completo de posibilidades productivas del deseo cognitivo para proponer un nuevo contrato sexual. Una vez desnaturalizada, la sexualidad se convertirá en un sistema abierto que permita multiplicar las relaciones entre una singularidad y lo común, entre el cuerpo singular y la colectividad. Nuestros órganos, como plataformas materiales para la producción de placer y enclaves representativos de la inscripción de identidad, pueden y deben ser reprogramados y reformateados contra restricciones heteronormativas y coloniales.

Para llevar a cabo esta revolución, no necesitamos piernas fuertes para caminar hacia adelante. En realidad, no necesitamos ni piernas ni caminar. Necesitamos dejar de confundir movimiento y libertad, conquista y acción, sometimiento y pasividad, consumo y placer, productividad y creación.

Si este libro es denominado «manifiesto» es porque comparte la convicción, presente en los movimientos de vanguardia rusos, europeos, americanos y africanos, de que es necesario pensar la transformación política (en este caso, la política del cuerpo y de la sexualidad) con los instrumentos que aporta la imaginación artística. En política, no hay libertad sin poesía. Un manifiesto es siempre un dildo semiótico hiperbólico y extravagante. Un poema político. Una parodia discursiva a escala planetaria. Una carcajada colectiva. Un protocolo de ficción. Mientras que las teorías feministas y *queer* de la segunda ola hicieron hincapié en la necesidad de transformar el régimen epistemológico para activar la emancipación de género, ahora parece claro que es necesario transformar el régimen deseante para descolonizar el cuerpo sexual. El deseo no es una verdad transcendente, sino un campo social fabricado que solo podrá ser transformado con las herramientas de la metáfora y de la imaginación, de la poesía y de la experimentación somática.

Precisamente porque la violencia del régimen sexual y colonial es terrorífica y desfiguradora, es necesario desplegar las fuerzas inconscientes y deconstructoras que solo la poesía brinda. Aquí debemos potencializar todo lo que aprendimos de los movimientos artísticos y minoritarios. Este *Manifiesto* es dadaísmo aplicado a la sexualidad, feminismo conceptual aplicado a la comprensión de la diferencia sexual y genital; es pedagogía radical aplicada al desaprendizaje de las disciplinas de género y de la identidad sexual. Las prácticas de performance y la teoría posestructural deben entenderse aquí como dildos teórico-prácticos, aparatos culturales transformadores del afecto y de la imaginación que el texto utiliza para desplazar la centralidad del realismo anatómico.

Por momentos, encontrarán este *Manifiesto* pedante o delirante, pomposo o asqueroso. La pedantería y el delirio, la pompa y el asco son las fuerzas con las que intenté construir un imaginario experimental que diera forma a algunos lugares minoritarios que no estaban contemplados en el proyecto de democracia de finales del siglo pasado. Pero este *Manifiesto* no pretende ser una enunciación universal ni un manual con recetas generales. Es una interrupción que toma mi cuerpo, la experiencia del cuerpo político de las minorías sexuales y somáticas, como lugar de acción. Una invitación para que otros miles de interrupciones sean posibles. No me importa que consideren mi sexualidad o las sexualidades de las que hablo en este libro como raras o como discapacitadas. Abrazo la rareza y la discapacidad. La rareza es mejor que la norma y la discapacidad es mejor que el ideal de salud de la modernidad colonial. Este libro comienza con la jubilosa afirmación de que existe una irreductible multiplicidad de sexos, géneros y sexualidades. No empieza con una llamada a la revolución, sino con la comprensión de que somos la revolución que ya está teniendo lugar.

Inspirado por la energía travesti e infantil que surge como resistencia a los procesos de disciplina y de control del cuerpo, del afecto y de la sexualidad, este *Manifiesto* es un intento teórico y poético de hacer lo que la artista Lorenza Böttner hace en una de sus obras: dibujar una puerta en la pared de la opresión sexual, de género y racial y escapar a través de ella. Esa puerta se llama cooperación somática libertaria.

París, 28 de noviembre de 2019

Manifiesto contrasexual

¿Qué es la contrasexualidad?

¿Cómo aproximarse al sexo en cuanto objeto de análisis? ¿Qué datos históricos y sociales intervienen en la producción del sexo? ¿Qué es el sexo? ¿Qué es lo que realmente hacemos cuando follamos? ¿Modifican su proyecto las prácticas sexuales de la persona que escribe? Si así es, ¿de qué manera? ¿Debe la investigadora entregarse al «serial fucking» cuando trabaja sobre el sexo como tema filosófico o, por el contrario, debe guardar las distancias respecto a tales actividades y ello por razones científicas? ¿Se puede escribir sobre la heterosexualidad siendo marica o bollo?[1] *E inversamente, ¿se puede escribir sobre la homosexualidad siendo hetero?*

Como siempre, en filosofía es fácil acudir a los ejemplos célebres, sacar partido de determinadas elecciones metodológicas o, al menos, encubrir nuestros errores apelando a la autoridad de la tradición. Es sabido que cuando Marx inició su Grun-

1. Nota del autor: A lo largo de este texto he privilegiado la palabra «bollo» frente a su sinónimo «lesbiana» puesto que el primer término ha surgido de un esfuerzo de autonominación y resignificación interno a la cultura lesbiana. La palabra «bollo», que muestra la fuerza performativa de la transformación de un insulto, es en español el equivalente más cercano del inglés *queer*.

drisse *todo parecía empujarle a comenzar su análisis económico partiendo de la noción de población. Pues bien, al pensar sobre la sexualidad yo me encuentro hoy frente a un imperativo conceptual semejante. Todo parecería indicar que yo debería afrontar esta tarea partiendo de nociones como género o diferencia sexual. Pero veamos lo que hizo Marx: para gran sorpresa de los filósofos y los moralistas de la época, él centró su análisis en torno a la noción de «plusvalía», evitando así las paradojas de las teorías precedentes. Sacando partido de la estrategia de Marx, esta investigación sobre el sexo toma como eje temático el análisis de algo que puede parecer marginal: un objeto de plástico que acompaña la vida sexual de ciertas bollos y ciertos gays* queers, *y que hasta ahora se había considerado una «simple prótesis inventada para paliar la discapacidad sexual de las lesbianas». Estoy hablando del dildo.*[2]

Robert Venturi había intuido un giro conceptual semejante: la arquitectura debía aprender de Las Vegas. En filosofía es tiempo de aprender del dildo.

Éste es un libro sobre dildos, sobre sexos de plástico y sobre la plasticidad de los sexos.

¿QUÉ ES LA CONTRASEXUALIDAD?

La contrasexualidad no es la creación de una nueva naturaleza, sino más bien el fin de la Naturaleza como or-

2. Nota del autor: Una vez más he preferido usar el término «dildo» proveniente de la cultura sexual anglosajona que los diferentes sinónimos en castellano: «cinturón polla» o «polla de plástico», por razones que quedarán claras en los capítulos posteriores. Anticipando uno de los argumentos centrales de este libro, podríamos decir que un dildo no es una «polla de plástico», sino que más bien, y pese a las apariencias, una polla es un dildo de carne. (Véase Anexo, p. 193.)

den que legitima la sujeción de unos cuerpos a otros. La contrasexualidad es, en primer lugar, un análisis crítico de la diferencia de género y de sexo, producto del contrato social heterocentrado, cuyas performatividades normativas han sido inscritas en los cuerpos como verdades biológicas (Judith Butler, 2001). En segundo lugar: la contrasexualidad apunta a sustituir este contrato social que denominamos Naturaleza por un contrato contrasexual. En el marco del contrato contrasexual, los cuerpos se reconocen a sí mismos no como hombres o mujeres sino como cuerpos hablantes, y reconocen a los otros como cuerpos hablantes. Se reconocen a sí mismos la posibilidad de acceder a todas las prácticas significantes, así como a todas las posiciones de enunciación, en tanto sujetos, que la historia ha determinado como masculinas, femeninas o perversas. Por consiguiente, renuncian no sólo a una identidad sexual cerrada y determinada naturalmente, sino también a los beneficios que podrían obtener de una naturalización de los efectos sociales, económicos y jurídicos de sus prácticas significantes.

La nueva sociedad toma el nombre de sociedad contrasexual al menos por dos razones. Una, y de manera negativa: la sociedad contrasexual se dedica a la deconstrucción sistemática de la naturalización de las prácticas sexuales y del sistema de género. Dos, y de manera positiva: la sociedad contrasexual proclama la equivalencia (y no la igualdad) de todos los cuerpos-sujetos hablantes que se comprometen con los términos del contrato contrasexual dedicado a la búsqueda del placer-saber.

El nombre de contrasexualidad proviene indirectamente de Foucault, para quien la forma más eficaz de resistencia a la producción disciplinaria de la sexualidad en nuestras sociedades liberales no es la lucha contra la prohibición (como la propuesta por los movimientos de liberación sexual antirrepresivos de los años setenta), sino la contraproductividad, es decir, la producción de formas de placer-saber alternativas a la sexualidad moderna. Las prácticas contrasexuales que van a proponerse aquí deben comprenderse como tecnologías de resistencia, dicho de otra manera, como formas de contradisciplina sexual.

La contrasexualidad es también una teoría del cuerpo que se sitúa fuera de las oposiciones hombre/mujer, masculino/femenino, heterosexualidad/homosexualidad. Define la sexualidad como tecnología, y considera que los diferentes elementos del sistema sexo/género[3] denominados «hombre», «mujer», «homosexual», «heterosexual», «transexual», así como sus prácticas e identidades sexuales, no son sino máquinas, productos, instrumentos, aparatos, trucos, prótesis, redes, aplicaciones, programas, conexiones, flujos de energía y de información, interrupciones e interruptores, llaves, leyes de circulación, fronteras, constreñimientos, diseños, lógicas, equipos, formatos, accidentes, detritos, mecanismos, usos, desvíos...

La contrasexualidad afirma que en el principio era el dildo. El dildo antecede al pene. Es el origen del pene. La contrasexualidad recurre a la noción de «suplemento» tal como ha sido formulada por Jacques Derrida (1967); e identifica el dildo como el suplemento que produce aquello que supuestamente debe completar.

La contrasexualidad afirma que el deseo, la excitación sexual y el orgasmo no son sino los productos retrospectivos de cierta tecnología sexual que identifica los órganos

3. La expresión «sistema sexo/género» fue utilizada por primera vez por Gayle Rubin en su artículo «The Traffic in Women», en Reyna R. Reiter (ed.), *Towards an Anthropology of Women,* Nueva York, Montly Review Press, 1975.

reproductivos como órganos sexuales, en detrimento de una sexualización de la totalidad del cuerpo.

Es tiempo de dejar de estudiar y de describir el sexo como si formara parte de la historia natural de las sociedades humanas. La «historia de la humanidad» saldría beneficiada al rebautizarse como «historia de las tecnologías», siendo el sexo y el género aparatos inscritos en un sistema tecnológico complejo. Esta «historia de las tecnologías» muestra que «La Naturaleza Humana» no es sino un efecto de negociación permanente de las fronteras entre humano y animal, cuerpo y máquina (Donna Haraway, 1995), pero también entre órgano y plástico.

La contrasexualidad renuncia a designar un pasado absoluto donde se situaría una heterotopía lesbiana (amazónica o no, preexistente o no a la diferencia sexual, justificada por una cierta superioridad biológica o política, o bien resultado de una segregación de los sexos) que sería una especie de utopía radical feminista separatista. No necesitamos un origen puro de dominación masculina y heterosexual para justificar una transformación radical de los sexos y de los géneros. No hay razón histórica susceptible de legitimar los cambios en curso. La contrasexualidad «is the case». Esta contingencia histórica es el material, tanto de la contrasexualidad como de la deconstrucción. La contrasexualidad no habla de un mundo por venir; al contrario, lee las huellas de aquello que ya es el fin del cuerpo, tal como éste ha sido definido por la modernidad.

La contrasexualidad juega sobre dos temporalidades. Una temporalidad lenta en la cual las instituciones sexuales parecen no haber sufrido nunca cambios. En esta temporalidad, las tecnologías sexuales se presentan como fijas. Toman prestado el nombre de «orden simbólico», de «universales transculturales» o, simplemente, de «naturaleza».

Toda tentativa para modificarlas sería juzgada como una forma de «psicosis colectiva» o como un «Apocalipsis de la Humanidad». Este plano de temporalidad fija es el fundamento metafísico de toda tecnología sexual. Todo el trabajo de la contrasexualidad está dirigido contra, opera e interviene en ese marco temporal. Pero hay también una temporalidad del acontecimiento en la que cada hecho escapa a la causalidad lineal. Una temporalidad fractal constituida de múltiples «ahoras» que no pueden ser el simple efecto de la verdad natural de la identidad sexual o de un orden simbólico. Tal es el campo efectivo donde la contrasexualidad incorpora las tecnologías sexuales al intervenir directamente sobre los cuerpos, sobre las identidades y sobre las prácticas sexuales que de éstos se derivan.

La contrasexualidad tiene por objeto de estudio las transformaciones tecnológicas de los cuerpos sexuados y *generizados.* No rechaza la hipótesis de las construcciones sociales o psicológicas del género, pero las resitúa como mecanismos, estrategias y usos en un sistema tecnológico más amplio. La contrasexualidad reivindica su filiación con los análisis de la heterosexualidad como régimen político de Monique Wittig, la investigación de los dispositivos sexuales modernos llevada a cabo por Foucault, los análisis de la identidad performativa de Judith Butler y la política del ciborg de Donna Haraway. La contrasexualidad supone que el sexo y la sexualidad (y no solamente el género) deben comprenderse como tecnologías sociopolíticas complejas; que es necesario establecer conexiones políticas y teóricas entre el estudio de los aparatos y los artefactos sexuales (tratados hasta aquí como anécdotas de poco interés dentro de la historia de las tecnologías modernas) y los estudios sociopolíticos del sistema sexo/género.

Con la voluntad de desnaturalizar y desmitificar las

nociones tradicionales de sexo y de género, la contrasexualidad tiene como tarea prioritaria el estudio de los instrumentos y los aparatos sexuales y, por lo tanto, las relaciones de sexo y de género que se establecen entre el cuerpo y la máquina.

DEL SEXO COMO TECNOLOGÍA BIOPOLÍTICA

El sexo, como órgano y práctica, no es ni un lugar biológico preciso ni una pulsión natural. El sexo es una tecnología de dominación heterosocial que reduce el cuerpo a zonas erógenas en función de una distribución asimétrica del poder entre los géneros (femenino/masculino), haciendo coincidir ciertos afectos con determinados órganos, ciertas sensaciones con determinadas reacciones anatómicas.

La naturaleza humana es un efecto de tecnología social que reproduce en los cuerpos, los espacios y los discursos la ecuación naturaleza = heterosexualidad. El sistema heterosexual es un aparato social de producción de feminidad y masculinidad que opera por división y fragmentación del cuerpo: recorta órganos y genera zonas de alta intensidad sensitiva y motriz (visual, táctil, olfativa...) que después identifica como centros naturales y anatómicos de la diferencia sexual.

Los roles y las prácticas sexuales, que naturalmente se atribuyen a los géneros masculino y femenino, son un conjunto arbitrario de regulaciones inscritas en los cuerpos que aseguran la explotación material de un sexo sobre el otro.[4]

4. Véase Monique Wittig, «The Category of Sex», *The Straight Mind*, Boston, Beacon Press, 1982.

La diferencia sexual es una heteropartición del cuerpo en la que no es posible la simetría. El proceso de creación de la diferencia sexual es una operación tecnológica de reducción que consiste en extraer determinadas partes de la totalidad del cuerpo y aislarlas para hacer de ellas significantes sexuales. Los hombres y las mujeres son construcciones metonímicas del sistema heterosexual de producción y de reproducción que autoriza el sometimiento de las mujeres como fuerza de trabajo sexual y como medio de reproducción. Esta explotación es estructural, y los beneficios sexuales que los hombres y las mujeres heterosexuales extraen de ella obligan a reducir la superficie erótica a los órganos sexuales reproductivos y a privilegiar el pene como único centro mecánico de producción del impulso sexual.

El sistema de sexo-género es un sistema de escritura. El cuerpo es un texto socialmente construido, un archivo orgánico de la historia de la humanidad como historia de la producción-reproducción sexual, en la que ciertos códigos se naturalizan, otros quedan elípticos y otros son sistemáticamente eliminados o tachados. La (hetero)sexualidad, lejos de surgir espontáneamente de cada cuerpo recién nacido, debe reinscribirse o reinstituirse a través de operaciones constantes de repetición y de recitación de los códigos (masculino y femenino) socialmente investidos como naturales.[5]

La contrasexualidad tiene como tarea identificar los espacios erróneos, los fallos de la estructura del texto (cuerpos intersexuales, hermafroditas, locas, camioneras, maricones, bollos, histéricas, salidas o frígidas, hermafro*dykes*...), y reforzar el poder de las desviaciones y derivas respecto del sistema heterocentrado.

5. Véase Judith Butler, *Bodies that Matter. The Discursive Limits of Sex*, Nueva York, Routledge, 1993.

Cuando la contrasexualidad habla del sistema sexo/género como de un sistema de escritura o de los cuerpos como textos no propone, con ello, intervenciones políticas abstractas que se reducirían a variaciones de lenguaje. Los que desde su torre de marfil literaria reclaman a voz en grito la utilización de la barra en los pronombres personales (y/o), o predican la erradicación de las marcas de género en los sustantivos y los adjetivos reducen la textualidad y la escritura a sus residuos lingüísticos, olvidando las tecnologías de inscripción que las hacen posibles.

La cuestión no reside en privilegiar una marca (femenina o neutra) para llevar a cabo una discriminación positiva, tampoco en inventar un nuevo pronombre que escapase de la dominación masculina y designara una posición de enunciación inocente, un origen nuevo y puro para la razón, un punto cero donde surgiese una voz política inmaculada.

Lo que hay que sacudir son las tecnologías de la escritura del sexo y del género, así como sus instituciones. No se trata de sustituir unos términos por otros. No se trata tampoco de deshacerse de las marcas de género o de las referencias a la heterosexualidad, sino de modificar las posiciones de enunciación. Derrida ya lo había previsto en su lectura de los enunciados performativos según Austin.[6] Más tarde Judith Butler utilizará esta noción de performatividad para entender los actos de habla en los que las bollos, maricas y transexuales retuercen el cuello del lenguaje hegemónico apropiándose de su fuerza performativa. Butler llamará «performatividad *queer*» a la fuerza

6. Jacques Derrida, «Signature événement contexte», *Marges de la Philosophie,* París, Minuit, 1972, pp. 382-390 (traducción al castellano: «Firma, acontecimiento, contexto», *Márgenes de la filosofía,* Madrid, Cátedra, 1998, pp. 347-372).

política de la cita descontextualizada de un insulto homofóbico y de la inversión de las posiciones de enunciación hegemónicas que éste provoca. Así por ejemplo, *bollo* pasa de ser un insulto pronunciado por los sujetos heterosexuales para marcar a las lesbianas como «abyectas», a convertirse posteriormente en una autodenominación contestataria y productiva de un grupo de «cuerpos abyectos» que por primera vez toman la palabra y reclaman su propia identidad.

La tecnología social heteronormativa (ese conjunto de instituciones tanto lingüísticas como médicas o domésticas que producen constantemente cuerpos-hombre y cuerpos-mujer) puede caracterizarse como una máquina de producción ontológica que funciona mediante la invocación performativa del sujeto como cuerpo sexuado. Las elaboraciones de la teoría *queer* llevadas a cabo durante los noventa por Judith Butler o por Eve K. Sedgwick han puesto de manifiesto que las expresiones, aparentemente descriptivas, «es una niña» o «es un niño», pronunciadas en el momento del nacimiento (o incluso en el momento de la visualización ecográfica del feto) no son sino invocaciones performativas –más semejantes a expresiones contractuales pronunciadas en rituales sociales tales como el «sí, quiero» del matrimonio, que a enunciados descriptivos tales como «este cuerpo tiene dos piernas, dos brazos y un rabo». Estos performativos del género son trozos de lenguaje cargados históricamente del poder de investir un cuerpo como masculino o como femenino, así como de sancionar los cuerpos que amenazan la coherencia del sistema sexo/género hasta el punto de someterlos a procesos quirúrgicos de «cosmética sexual» (disminución del tamaño del clítoris, aumento del tamaño del pene, fabricación de senos de silicona, refeminización hormonal del rostro, etc.).

La identidad sexual no es la expresión instintiva de la verdad prediscursiva de la carne, sino un efecto de reinscripción de las prácticas de género en el cuerpo.[7] El problema del llamado feminismo constructivista es haber hecho del cuerpo-sexo una materia informe a la que el género vendría a dar forma y significado dependiendo de la cultura o del momento histórico.

El género no es simplemente performativo (es decir, un efecto de las prácticas culturales lingüístico-discursivas) como habría querido Judith Butler. El género es ante todo prostético, es decir, no se da sino en la materialidad de los cuerpos. Es puramente construido y al mismo tiempo enteramente orgánico. Escapa a las falsas dicotomías metafísicas entre el cuerpo y el alma, la forma y la materia. El género se parece al dildo. Porque los dos pasan de la imitación. Su plasticidad carnal desestabiliza la distinción entre lo imitado y el imitador, entre la verdad y la representación de la verdad, entre la referencia y el referente, entre la naturaleza y el artificio, entre los órganos sexuales y las prácticas del sexo. El género podría resultar una tecnología sofisticada que fabrica cuerpos sexuales.

Es este mecanismo de producción sexo-prostético el que confiere a los géneros femenino y masculino su carácter sexual-real-natural. Pero, como para toda máquina, el fallo es constitutivo de la máquina heterosexual. Dado que lo que se invoca como «real masculino» y «real femenino» no existe, toda aproximación imperfecta se debe renaturalizar en beneficio del sistema, y todo accidente siste-

7. Paradójicamente, esta plataforma de repetición y reiteración es, al mismo tiempo, el lugar de formación compulsiva del sujeto heterosexual y el espacio donde tiene lugar toda subversión posible. Véase Judith Butler, *Gender Trouble,* Nueva York, Routledge, 1990, pp. 128-134 (traducción castellana: *El género en disputa,* México, Paidós, 2001).

mático (homosexualidad, bisexualidad, transexualidad...) debe operar como excepción perversa que confirma la regularidad de la naturaleza.

La identidad homosexual, por ejemplo, es un accidente sistemático producido por la maquinaria heterosexual, y estigmatizada como antinatural, anormal y abyecta en beneficio de la estabilidad de las prácticas de producción de lo natural. Esta maquinaria sexo-prostética es relativamente reciente y, de hecho, contemporánea de la invención de la máquina capitalista y de la producción industrial del objeto. Por primera vez en 1868, las instituciones médico-legales identificarán este accidente «contranatura» como estructuralmente amenazante para la estabilidad del sistema de producción de los sexos oponiendo la perversión (que en ese momento incluye todas las formas no-reproductivas de la sexualidad, del fetichismo al lesbianismo pasando por el sexo oral) a la normalidad heterosexual. Durante los últimos dos siglos, la identidad homosexual se ha constituido gracias a los desplazamientos, las interrupciones y las perversiones de los ejes mecánicos performativos de repetición que producen la identidad heterosexual, revelando el carácter construido y prostético de los sexos. Porque la heterosexualidad es una tecnología social y no un origen natural fundador, es posible invertir y derivar (modificar el curso, mutar, someter a deriva) sus prácticas de producción de la identidad sexual. La marica, la loca, la *drag queen,* la lesbiana, la bollo, la camionera, el marimacho, la *butch,* las F2M y los M2F,[8] las transgéneras son «bromas ontológicas»,[9]

8. Las expresiones «F2M» *(female to male)* y «M2F» *(male to female)* son fórmulas de autodenominación surgidas de la comunidad transexual anglosajona para nombrar, respectivamente, las personas en transición hormonal y/o quirúrgica hacia la masculinidad o la feminidad.

9. Monique Wittig, *La pensée straight, op. cit.,* p. 97.

imposturas orgánicas, mutaciones prostéticas, recitaciones subversivas de un código sexual trascendental falso.

Es en este espacio de parodia y transformación plástica donde aparecen las primeras prácticas contrasexuales como posibilidades de una deriva radical con relación al sistema sexo/género dominante: la utilización de dildos, la erotización del ano y el establecimiento de relaciones S&M (sadomasoquistas) contractuales, por no citar sino tres momentos de una mutación poshumana del sexo.

Los órganos sexuales como tales no existen. Los órganos que reconocemos como naturalmente sexuales son ya el producto de una tecnología sofisticada que prescribe el contexto en el que los órganos adquieren su significación (relaciones sexuales) y se utilizan con propiedad, de acuerdo con su «naturaleza» (relaciones heterosexuales). Los contextos sexuales se establecen por medio de delimitaciones espaciales y temporales sesgadas. La arquitectura es política. Es la que organiza las prácticas y las califica: públicas o privadas, institucionales o domésticas, sociales o íntimas.

Volvemos a encontrar esta gestión del espacio en un nivel corporal. La exclusión de ciertas relaciones entre géneros y sexos, así como la designación de ciertas partes del cuerpo como no-sexuales (más particularmente el ano; como Deleuze y Guattari han señalado «el primero de todos los órganos en ser privatizado, colocado fuera del campo social»)[10] son las operaciones básicas de la fijación que naturaliza las prácticas que reconocemos como sexuales. La arquitectura corporal es política.

10. Gilles Deleuze y Félix Guattari, *El anti-Edipo, capitalismo y esquizofrenia,* traducción de Francisco Monge, Barcelona, Paidós, 1985, p. 148.

La práctica del *fist-fucking* (penetración del ano con el puño), que conoció un desarrollo sistemático en el seno de la comunidad gay y lesbiana desde los años setenta, debe considerarse un ejemplo de alta tecnología contrasexual. Los trabajadores del ano son los nuevos proletarios de una posible revolución contrasexual.

El ano presenta tres características fundamentales que lo convierten en el centro transitorio de un trabajo de deconstrucción contrasexual. Uno: el ano es un centro erógeno universal situado más allá de los límites anatómicos impuestos por la diferencia sexual, donde los roles y los registros aparecen como universalmente reversibles (¿quién no tiene ano?). Dos: el ano es una zona de pasividad primordial, un centro de producción de excitación y de placer que no figura en la lista de puntos prescritos como orgásmicos. Tres: el ano constituye un espacio de trabajo tecnológico; es una fábrica de reelaboración del cuerpo contrasexual poshumano. El trabajo del ano no apunta a la reproducción ni se funda en el establecimiento de un nexo romántico. Genera beneficios que no pueden medirse dentro de una economía heterocentrada. Por el ano, el sistema tradicional de la representación sexo/género *se caga.*

La recuperación del ano como centro contrasexual de placer tiene puntos comunes con la lógica del dildo: cada lugar del cuerpo no es solamente un plano potencial donde el dildo puede trasladarse, sino también un orificio-entrada, un punto de fuga, un centro de descarga, un eje virtual de acción-pasión.

Las prácticas S&M, así como la creación de pactos contractuales que regulan los roles de sumisión y dominación, han hecho manifiestas las estructuras eróticas de poder subyacentes al contrato que la heterosexualidad ha impuesto como natural. Por ejemplo, si el papel de la mujer en el hogar, casada y sumisa, se reinterpreta constantemente en el contrato S&M, es porque el rol tradicional «mujer casada» supone un grado extremo de sumisión, una esclavitud a tiempo completo y para toda la vida.

Parodiando los roles de género naturalizados, la sociedad contrasexual se hace heredera del saber práctico de las comunidades S&M, y adopta el contrato contrasexual temporal como forma privilegiada para establecer una relación contrasexual.

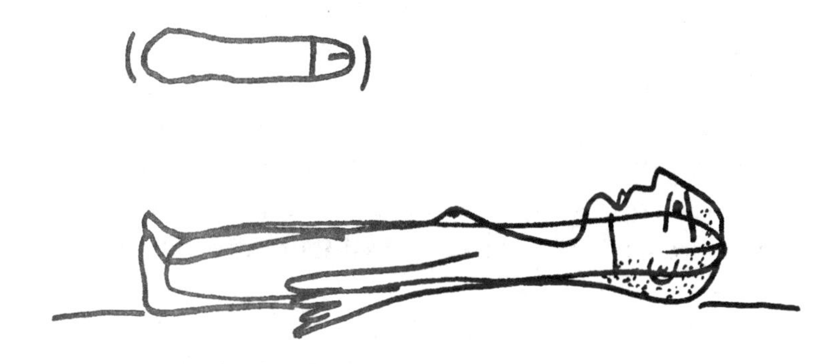

ARTÍCULO 1

La sociedad contrasexual demanda que se borren las denominaciones «masculino» y «femenino» correspondientes a las categorías biológicas (varón/mujer, macho/hembra) del carné de identidad, así como de todos los formularios administrativos y legales de carácter estatal. Los códigos de la masculinidad y de la feminidad se convierten en registros abiertos a disposición de los cuerpos hablantes en el marco de contratos consensuados temporales.

ARTÍCULO 2

Para evitar la reapropiación de los cuerpos como femenino o masculino en el sistema social, cada nuevo cuerpo (es decir, cada nuevo contratante) llevará un nuevo nombre que escape a las marcas de género, sea cual fuese la lengua empleada. En un primer momento, y con el fin de desestabilizar el sistema heterocentrado, es posible elegir un nombre del sexo opuesto o utilizar alternativamente un nombre masculino y un nombre femenino. Por ejemplo, alguien que se llame Julio utilizará el correspondiente femenino Julia, y viceversa. Los José Marías podrán utilizar María José, y viceversa.

ARTÍCULO 3

Tras la invalidación del sistema de reproducción heterocentrado, la sociedad contrasexual demanda:

- la abolición del contrato matrimonial y de todos sus sucedáneos liberales, como el contrato de parejas de hecho o el PACS (equivalente legal común para homosexuales y heterosexuales en Francia), que perpetúan la naturalización de los roles sexuales. Ningún contrato sexual podrá tener como testigo al Estado;
- la abolición de los privilegios sociales y económicos derivados de la condición masculina o femenina –supuestamente natural– de los cuerpos hablantes en el marco del régimen heterocentrado;
- la abolición de los sistemas de transmisión y el legado de los privilegios patrimoniales y económicos adquiridos por los cuerpos hablantes en el marco del sistema heterocentrado.

ARTÍCULO 4

La resignificación contrasexual del cuerpo se hará operativa con la introducción gradual de determinadas políticas contrasexuales. Uno, la universalización de las prácticas estigmatizadas como abyectas en el marco del heterocentrismo. Dos, será necesario poner en marcha equipos de investigación contrasexuales *high-tech,* de manera que se puedan encontrar y proponer nuevas formas de sensibilidad y de afecto.

Se pondrán socialmente en marcha una serie de prácticas contrasexuales para que el sistema contrasexual tenga efecto:

- resexualizar el ano (una zona del cuerpo excluida de las prácticas heterocentradas, considerada la más sucia y la más abyecta) como centro contrasexual universal;
- difundir, distribuir y poner en circulación prácticas subversivas de recitación de los códigos, de las categorías de la masculinidad y de la feminidad naturalizadas en el marco del sistema heterocentrado. La centralidad del pene como eje de significación del poder en el marco del sistema heterocentrado requiere un inmenso trabajo de resignificación y de deconstrucción. Por ello, durante el primer período de establecimiento de la sociedad contrasexual, el dildo y todas sus variaciones sintácticas –tales como dedos, lenguas, vibradores, pepinos, zanahorias, brazos, piernas, el cuerpo entero, etc.–, así como sus variaciones semánticas –tales como puros, pistolas, porras, dólares, etc.–, serán utilizados por todos los cuerpos o sujetos hablantes en el marco de los contratos contrasexuales ficticios, reversibles y consensuados;
- parodiar y simular de manera sistemática los efectos habitualmente asociados al orgasmo, para así subvertir y transformar una reacción natural ideológicamente construida. En el régimen heterocentrado, la limitación y la reducción de las zonas sexuales son el resultado de las definiciones disciplinarias médicas y psicosexuales de los supuestos órganos sexuales, así como de la identificación del pene y del supuesto punto G como centros orgásmicos. En todos estos

puntos, la producción del placer depende de la excitación de una sola zona anatómica, fácilmente localizable en los hombres, pero de difícil acceso, eficacia variable e incluso existencia dudosa en las mujeres.

El orgasmo, efecto paradigmático de la producción-represión heteronormativa que fragmenta el cuerpo y localiza el placer, será parodiado sistemáticamente gracias a diversas disciplinas de simulación y repeticiones en serie de los efectos tradicionalmente asociados con el placer sexual (véanse las prácticas de inversión contrasexuales). La simulación del orgasmo equivale a una desmentida de las localizaciones espaciales y temporales habituales del placer. Esta disciplina contrasexual se desarrolla en el sentido de una transformación general del cuerpo, similar a las conversiones somáticas, a las prácticas de meditación extrema, a los rituales propuestos en el *body art* y en determinadas tradiciones espirituales. Los trabajos de Ron Athey, Annie Sprinkle, Fakir Mustafa, Zhang Huan, Bob Flanagan, etc., constituyen ejemplos y anticipaciones de esta disciplina contrasexual.

ARTÍCULO 5

Toda relación contrasexual será el resultado de un contrato consensual firmado por todos los participantes. Las relaciones sexuales sin contrato serán consideradas violaciones. Se pedirá a todo cuerpo hablante que explicite las ficciones naturalizantes (matrimonio, pareja, romanticismo, prostitución, celos...) que fundamentan sus prácticas sexuales.

La relación contrasexual será válida y efectiva por un período de tiempo limitado (contrato temporal) que nunca podrá corresponder a la totalidad de la vida de los cuerpos o sujetos de habla. La relación contrasexual se funda en la equivalencia y no en la igualdad. Se requerirán la reversibilidad y los cambios de roles, de manera que el contrato contrasexual nunca pueda desembocar en relaciones de poder asimétricas y naturalizadas.

La sociedad contrasexual instituye la obligación de prácticas contrasexuales, organizadas socialmente en el seno de grupos libremente compuestos a los que cualquier cuerpo hablante puede incorporarse. Cualquier cuerpo tiene la posibilidad de rechazar su derecho a pertenecer a una o varias comunidades contrasexuales.

ARTÍCULO 6

La sociedad contrasexual declara y exige la separación absoluta de las actividades sexuales y de las actividades de reproducción. Ningún contrato contrasexual conducirá al acto de reproducción. La reproducción será libremente elegida por cuerpos susceptibles de embarazo o por cuerpos susceptibles de donar esperma. Ninguno de esos actos reproductivos establecerá un lazo de filiación parental «natural» entre los cuerpos reproductores y el cuerpo recién nacido. Todo cuerpo recién nacido tendrá derecho a una educación contrasexual.

Los métodos de contracepción y prevención de enfermedades se distribuirán por todas partes, siendo obligatorios para todo cuerpo hablante en edad de participar en la reproducción. El establecimiento de unidades sexuales de investigación sobre la prevención de enfermedades, así como la distribución gratuita y universal de los medios de prevención son las condiciones necesarias para crear y desarrollar un sistema contrasexual de producción y reproducción.

ARTÍCULO 7

La contrasexualidad denuncia las actuales políticas psiquiátricas, médicas y jurídicas, así como los procedimientos administrativos relativos al cambio de sexo. La contrasexualidad denuncia la prohibición de cambiar de género (y nombre), así como la obligación de que todo cambio de género deba estar acompañado de un cambio de sexo (hormonal o quirúrgico). La contrasexualidad denuncia el control de las prácticas transexuales por las instituciones públicas y privadas de carácter estatal heteronormativo que imponen el cambio de sexo de acuerdo con modelos anatómico-políticos fijos de masculinidad y feminidad. No hay razón política que justifique que el Estado deba ser garante de un cambio de sexo y no de una cirugía estética de nariz, por ejemplo.

En la sociedad contrasexual, las operaciones de cambio de sexo constituirán una especie de cirugía de utilidad pública, impuesta o elegida. Estas operaciones nunca servirán para que los cuerpos puedan remitir de nuevo a la idea de una coherencia masculina o femenina. La contrasexualidad pretende ser una tecnología de producción de cuerpos no heterocentrados. Los equipos de investigación en tecnología contrasexual estudian y promueven, entre otras, las siguientes intervenciones:

- exploración virtual de los cambios de género y de sexo gracias a distintas formas de travestismo: *cross-dressing, internet-drag,* identidad cíber, etc.;
- producción *invitro* de un ciberclítoris para implantar en distintas partes del cuerpo;
- transformación de diferentes órganos del cuerpo en dildoinjertos.

ARTÍCULO 8

La contrasexualidad reivindica la comprensión del sexo y del género como cibertecnologías complejas del cuerpo. La contrasexualidad, sacando partido de las enseñanzas de Donna Haraway, apela a una *queerización* urgente de la «naturaleza» (http://muse.jhu.edu/journals/configuration/v002/2.1haraway). Las sustancias llamadas «naturales» (testosterona, estrógeno, progesterona), los órganos (las partes genitales macho y hembra) y las reacciones físicas (erección, eyaculación, orgasmo, etc.) deberían considerarse poderosas «metáforas políticas» cuya definición y control no pueden dejarse ni en manos del Estado ni de las instituciones médicas y farmacéuticas heteronormativas.

La sofisticación de la mayor parte de las ramas de la medicina terapéutica y de la cibernética (xenotrasplantes, prótesis cibernéticas visuales y auditivas, etc.) contrasta con el subdesarrollo de las tecnologías que permiten modificar los órganos (faloplastia, vaginoplastia...) y las prácticas sexuales (tomemos, por ejemplo, la escasa evolución del preservativo en los últimos dos mil años). La meta de las actuales biotecnologías es la estabilización de las categorías heteronormativas de sexo y de género (que va de la erradicación de las anormalidades sexuales, consideradas monstruosidades en el nacimiento o antes del nacimiento, a las operaciones en el caso de personas transexuales). La testosterona, por ejemplo, es la metáfora biosocial que autoriza el paso de un cuerpo denominado femenino a la masculinidad. Es necesario considerar las hormonas sexuales drogas político-sociales cuyo acceso no debe ser custodiado por las instituciones estatales heteronormativas.

ARTÍCULO 9

El control y la regulación del tiempo son cruciales para la concepción y la mejora de las prácticas contrasexuales. La sociedad contrasexual decreta que las actividades contrasexuales se considerarán un trabajo social que, al mismo tiempo, será un derecho y una obligación para cualquier cuerpo (o sujeto hablante), y que estas actividades se practicarán regularmente cierto número de horas al día (a determinar según el contexto).

ARTÍCULO 10

La sociedad contrasexual demanda la abolición de la familia nuclear como célula de producción, de reproducción y de consumo. La práctica de la sexualidad en parejas (es decir, en agrupaciones discretas de individuos de distinto sexo superiores a uno e inferiores a tres) está condicionada por los fines reproductivos y económicos del sistema heterocentrado. La subversión de la normalización sexual, cualitativa (hetero) y cuantitativa (dos) de las relaciones corporales se pondrá en marcha, sistemáticamente, gracias a las prácticas de inversión contrasexuales, a las prácticas individuales y a las prácticas de grupo que se enseñarán y promoverán mediante la distribución gratuita de imágenes y textos contrasexuales (cultura contrapornográfica).

ARTÍCULO 11

La sociedad contrasexual establecerá los principios de una arquitectura contrasexual. La concepción y la creación de espacios contrasexuales estarán basadas en la deconstrucción y en una renegociación de la frontera entre la esfera pública y la esfera privada. Esta tarea implica deconstruir la casa como espacio privado de producción y de reproducción heterocentrada.

ARTÍCULO 12

La sociedad contrasexual promueve la modificación de las instituciones educativas tradicionales y el desarrollo de una pedagogía contrasexual *high-tech* con el fin de maximizar las superficies eróticas, de diversificar y mejorar las prácticas contrasexuales. La sociedad contrasexual favorece el desarrollo del saber-placer y de las tecnologías dirigidas a una transformación radical de los cuerpos y a una interrupción de la historia de la humanidad como naturalización de la opresión (naturalización de la clase, la raza, el sexo, el género, la especie, etc.).

ARTÍCULO 13

La sociedad contrasexual demanda la consideración de todo acto de sexualidad potencialmente como un trabajo y, por tanto, el reconocimiento de la prostitución como una forma legítima de trabajo sexual. La prostitución sólo podrá ejercerse mediante un contrato libre y consensual en que una de las partes se define como comprador de trabajo sexual y la otra como vendedor de ciertos servicios sexuales. Todos los trabajadores y trabajadoras sexuales tendrán derecho al trabajo libre e igualitario, sin coacción ni explotación, y deberán beneficiarse de todos los privilegios legales, médicos y económicos de cualquier asalariado del mismo territorio. La contrasexualidad busca generar una contraproducción de placer y de saber en el marco de un sistema de contraeconomía contrasexual.

Por esta razón, la publicación de imágenes y de textos contrasexuales (contrapornografía), así como la contraprostitución, se considerarán artes y disciplinas. Se prevé la formación de centros universitarios destinados al aprendizaje de las diferentes disciplinas contrasexuales.

En el marco de la sociedad contrasexual, los cuerpos hablantes se llamarán «poscuerpos» o *wittigs*.

CONTRATO CONTRASEXUAL (EJEMPLO)

Voluntaria y corporalmente, yo, ... renuncio a mi condición natural de hombre ❐ o de mujer ❐, a todo privilegio (social, económico, patrimonial) y a toda obligación (social, económica, reproductiva) derivados de mi condición sexual en el marco del sistema heterocentrado naturalizado.

Me reconozco y reconozco a los otros como cuerpos hablantes y acepto, de pleno consentimiento, no mantener relaciones sexuales naturalizantes, ni establecer relaciones sexuales fuera de contratos contrasexuales temporales y consensuados.

Me reconozco como un productor de dildos y como transmisor y difusor de dildos sobre mi propio cuerpo y sobre cualquier otro cuerpo que firme este contrato. Renuncio de antemano a todos los privilegios y a todas las obligaciones que podrían derivarse de las desiguales posiciones de poder generadas por la reutilización y la reinscripción del dildo.

Me reconozco como ano y como trabajador del culo.

Renuncio a todos los lazos de filiación (maritales o parentales) que me han sido asignados por la sociedad heterocentrada, así como a los privilegios y a las obligaciones que de ellos se derivan.

Renuncio a todos mis derechos de propiedad sobre mis flujos seminales o producciones de mi útero. Reconozco mi derecho a usar mis células reproductivas únicamente en el marco de un contrato libre y consensuado, y renuncio a todos mis derechos de propiedad sobre el cuerpo hablante generado por dicho acto de reproducción.

El presente contrato es válido por una duración de..... .... meses (renovable).

En .... a .... de .... de .... núm. de ejemplares ....

Firma

Para recibir y firmar su contrato por correo electrónico: preciado@princeton.edu

Prácticas de inversión contrasexual

DILDOTECTÓNICA

Dildo = sexo de plástico
Téktôn = constructor, generador

La DILDOTECTÓNICA es la contraciencia que estudia la aparición, la formación y la utilización del dildo. Localiza las deformaciones que inflige el dildo al sistema sexo/género. Hacer de la dildotectónica una rama prioritaria de la contrasexualidad supone considerar el cuerpo superficie, terreno de desplazamiento y de emplazamiento del dildo. Debido a las definiciones médicas y psicológicas que naturalizan el cuerpo y el sexo (según las cuales el dildo sería un simple «fetiche»), esta empresa resulta con frecuencia difícil.

Desde el punto de vista heterocentrado, el término DILDOTECTÓNICA puede designar cualquier descripción de las deformaciones y de las anormalidades detectables, a simple vista, en un solo cuerpo o en varios cuerpos que follan con, o utilizando, dildos.

La DILDOTECTÓNICA se propone localizar las tecnologías de resistencia (que por extensión llamaremos «dildos») y los momentos de ruptura de la cadena de producción cuerpo-placer-beneficio-cuerpo en las culturas sexuales hetero y *queer*.

Es posible también generalizar la noción de «dildo» para reinterpretar la historia de la filosofía y de la producción artística. Por ejemplo, la escritura, tal y como ha sido descrita por Jacques Derrida, no sería sino el dildo de la metafísica de la presencia. De la misma manera, siguiendo a Walter Benjamin, podríamos afirmar que un museo de réplicas de obras de arte tendría un estatuto dildológico en relación con la producción de la obra de arte en la era de la reproducción mecánica. En último término, toda filosofía puede retrotraerse a una dildología más o menos compleja.

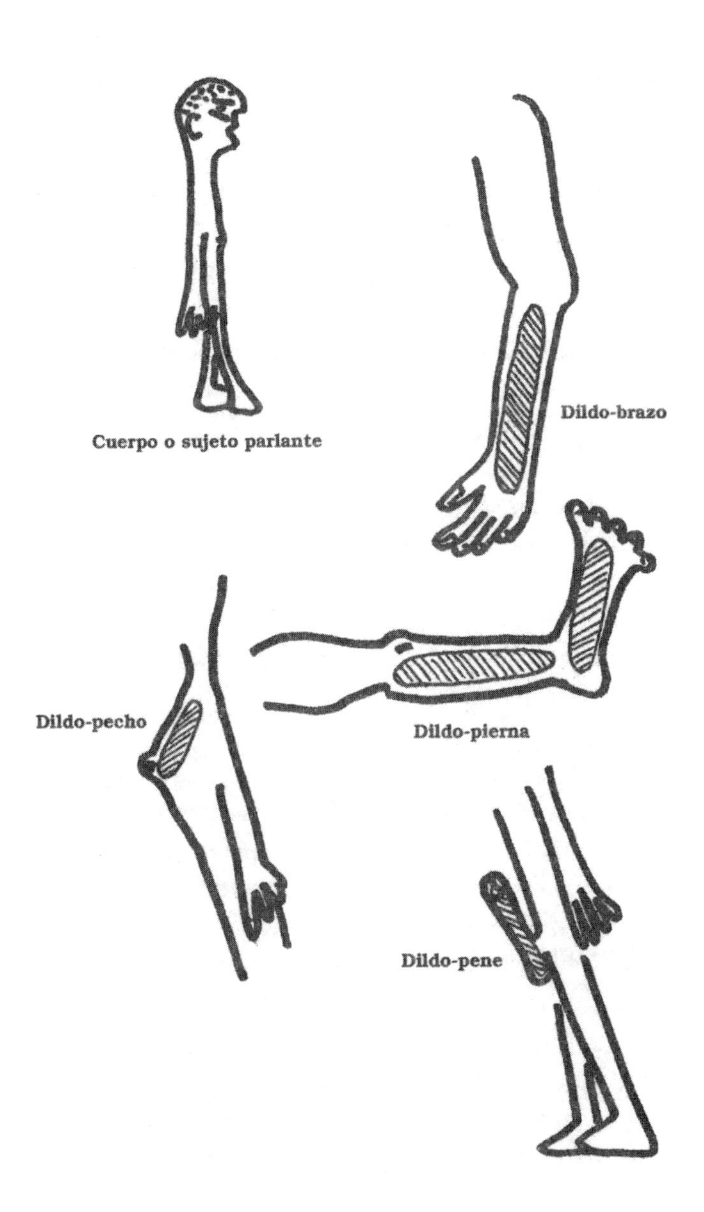
Cuerpo o sujeto parlante
Dildo-brazo
Dildo-pecho
Dildo-pierna
Dildo-pene

PRÁCTICA I. EL ANO SOLAR DE RON ATHEY

CITACIÓN DE UN DILDO SOBRE UNOS ZAPATOS CON TACONES DE AGUJA, SEGUIDA DE UNA AUTOPENETRACIÓN ANAL

Los Ángeles, comienzo de los años ochenta. Ron Athey actúa en clubes nocturnos. Su performance titulada *Four Scenes in a Harsch Life,* presentada en el Walker Art Center de Minneapolis en 1994, será censurada en diversos centros artísticos desencadenando un debate a escala internacional sobre los límites de la performance y del *body art.* En *Four Scenes in a Harsch Life,* Ron Athey juega con sangre infectada de VIH; se escarifica la piel y escarifica de común acuerdo a otras personas, habla abiertamente de la toxicomanía y de su condición de marica seropositivo.

París, 21 de agosto de 1999. Ron Athey ejecuta su performance titulada *El ano solar* en el Forum des Images. Esta performance supera a la vez el *body art* y la sexualidad. Es contrasexual. Vemos primero un vídeo, la película de una escena donde se realiza un tatuaje alrededor de su culo. Él está a cuatro patas, el ojo del culo abierto hacia la cámara. Una mano, enguantada y limpia, dibuja y graba cuidadosamente un sol negro alrededor de su ano con ayuda de una máquina de tatuar. Después, los ojos del público se vuelven hacia el escenario donde Ron Athey se dispone a subir a su trono. Está desnudo. Una tortura-

genital muy precisa que consiste en inyectar un líquido no tóxico (una solución salina) ha deformado su pene y sus testículos. Sus genitales, que sobresalen y se balancean entre sus piernas, se parecen más a una especie de útero externo que a un sexo masculino. Su pene está hinchado sin estar en erección. Está lleno pero sin esperma. En lugar de eyacular, ha recibido la eyaculación técnica y calculada de la jeringuilla. Su sexo es contrasexual. Lleva ligueros. Camina sobre tacones de aguja. Avanza lentamente como si fuera a caerse a cada paso. Dos dildos han sido fijados en sus tacones a modo de espuelas. Los ha atado a sus pies, como ya había hecho antes Pierre Molinier en su *Autoportrait avec éperon d'amour*. Los dildos cuelgan detrás de sus zapatos como órganos fláccidos y secundarios.

Se prepara para el autodildaje. Sube a su trono: una silla, híbrido entre la mesa del ginecólogo, el tocador y el *sling* SM. En primer lugar, se maquilla el rostro introduciéndose largas agujas bajo la piel que a continuación fija con hilos a su corona de espinas. Es la reina que tiene la cara estirada por la corona de oro. Es la esposa cuyo ano virginal, calentado por un sol negro, está dispuesto para una noche de bodas solitaria. A cuatro patas, la reina entrega su ano a su pueblo. Su público de súbditos espera ser cubierto por una ola de mierda. Su ano da: saca de él, con la ayuda de una caña, el collar de perlas blancas de Louis Brook. Una cadena interminable de bolas de mierda inmaculadas y brillantes. Su ano es bendición y don. Cuando el ano está vacío, dispuesto a recibir, el ritual de follar con el dildo comienza. Imprime un va y viene a sus piernas. Los dildos que cuelgan de sus talones se pelean por penetrar su ano. *Dildaje interruptus.* Siempre. Ninguno de los dos dildos posee totalmente su ano. Éste no pertenece a ninguno de los dos. El trío folla o, más bien, no llega a follar. Se masturban. No.

Principio que dirige la práctica: Esta práctica está pensada como la repetición de la secuencia de la performance de Ron Athey *El ano solar* en un entorno doméstico. Está especialmente recomendada para maridos desocupados y solitarios en el hogar que tengan tendencias transgenéricas u homosexuales aún inexploradas. También es recomendable para: las *butchs,* las lesbianas con identificación masculina, las mujeres heterosexuales con identificación masculina (con o sin pareja) susceptibles de haber abandonado toda actividad sexual durante un período superior a seis meses.

Número de cuerpos que comparten esta práctica: 1.

Tecnología: Traslación contrasexual del dildo sobre unos zapatos con tacones de aguja seguida de un autodildaje.

Material: Una lavativa, un par de zapatos con tacones de aguja, dos dildos (uno pequeño y duro, el otro más grande y blando), dos cuerdas, un sillón.

Duración total: 11 minutos.

El objetivo de esta práctica es aprender a traficar con dildos recurriendo a una tecnología sexual similar a la del *cottage* o la de la gramatología. El ejercicio consiste en reunir una práctica de *cross-dressing* o travestismo (para hombres o mujeres con identificación masculina) y una práctica de autopenetración anal con dildos.

Descripción de la práctica: Desnúdese. Prepare una lavativa anal. Túmbese a lo largo y repose desnudo durante dos minutos después de la lavativa. Levántese y repita en voz alta: dedico el placer de mi ano a todas las personas portadoras del VIH. Aquellos que ya sean portadores del virus podrán dedicar el placer de sus anos a sus propios anos y a la abertura de los anos de sus seres queridos. Póngase un par de zapatos con tacón de aguja y ate dos dildos con cordones a los tobillos y a los zapatos. Prepare su ano para la penetración con un lubricante adecuado.

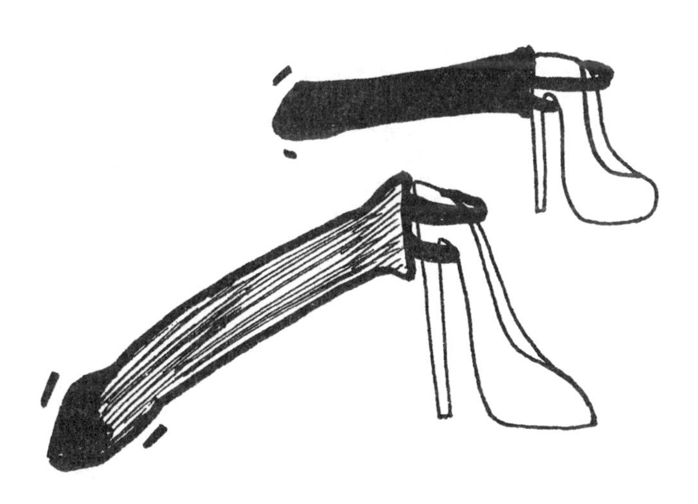

Túmbese en un sillón e intente darse por culo con cada dildo. Utilice su mano para que el dildo penetre su ano. Cada vez que el dildo salga de su ano, grite su contranombre viciosamente. Por ejemplo: «Julia, Julia.» Después de siete minutos de autodildaje, emita un grito estridente para simular un orgasmo violento.

La duración total de la práctica debe controlarse por un cronómetro que indicará, como un *voyeur* del tiempo, el final del placer y el apogeo orgásmico. La simulación del orgasmo se mantendrá durante diez segundos. A continuación, la respiración se hará más lenta y profunda, las piernas y el ano quedarán totalmente relajados.

PRÁCTICA II. MASTURBAR UN BRAZO: CITACIÓN DE UN DILDO SOBRE UN ANTEBRAZO

Principio que dirige la práctica: La lógica del dildo.

Tecnología: Traslación contrasexual del dildo en un antebrazo o dildotectónica aplicada a un antebrazo.

Número de cuerpos (o sujetos hablantes) que comparten esta práctica: 1.

Material: Un rotulador rojo.

Material opcional: Un violín (o una imitación aproximada de dicho instrumento).

Duración total: 2 minutos y 30 segundos.

En el marco del sistema capitalista heterocentrado, el cuerpo funciona como una prótesis-total al servicio de la reproducción sexual y de la producción de placer genital. El cuerpo está organizado en torno a un solo eje semántico-sexual que debe ser excitado mecánicamente una y otra vez. La actividad sexual así entendida, ya sea heterosexual u homosexual, es aburrida y mortífera. La meta de esta práctica contrasexual consiste en aprender a subvertir los órganos sexuales y sus reacciones biopolíticas. Este ejercicio se basa en la redenominación de ciertas partes del cuerpo (en este caso, se tratará de un antebrazo) gracias a una operación de citación que llamo inversión-investidura.

Por inversión-investidura me refiero a una operación de citación protésico-textual que invierte el eje semántico del sistema heterocentrado. Invertir en el sentido económico del término (que lo pone en marcha, que lo fuerza a producir en espera de un cierto contrabeneficio), e investir en el sentido político del término (que confiere la autoridad de hacer algo, que está cargado de fuerza performativa). Esta operación de citación desplaza la fuerza performativa del código heterocentrado para, finalmente, «invertir-investir», provocar una perversión, un giro en la producción habitual de los efectos de la actividad sexual.

Descripción de la práctica: Un cuerpo hablante sostiene un violín entre la base de su mandíbula y su hombro izquierdo. Su mano izquierda se apoya en las cuerdas con precisión. Su mano derecha agita el arco con energía. El cuerpo dirige la mirada a su brazo izquierdo como si tratara de seguir una partitura sobre un atril.

Sin cambiar la posición del cuerpo se retira el violín (operación: cortar el violín). La cabeza, ya sin violín, reposa sobre el brazo izquierdo. El lugar que antes ocupaba el objeto, así como la relación que éste establecía con el cuerpo, son sistemáticamente remplazados por un dildo.

La operación de traslación somática consistirá en reiterar el dildo sobre el antebrazo izquierdo, dibujando su forma con la ayuda de un rotulador rojo. Esta práctica ha sido inspirada por los métodos quirúrgicos empleados en la faloplastia para la fabricación de un pene a partir de la piel y los músculos del brazo. En realidad, la medicina contemporánea trabaja el cuerpo como un paisaje abierto donde un órgano puede dar lugar a cualquier otro. A juzgar por esta plasticidad somática, cada cuerpo contiene potencialmente al menos cuatro penes (dos en los brazos, dos en las piernas) e indeterminadas vaginas (tantas como orificios pueden ser artificialmente abiertos en el cuerpo).

La mirada se dirige ahora hacia el plano horizontal del brazo donde se ha citado el dildo. Él toma el dildo-brazo en su mano derecha y la desliza de arriba abajo, intensificando la circulación de la sangre hasta los dedos (operación: hacer una paja a un dildo-brazo). La mano izquierda se abre y se cierra rítmicamente. La sangre circula cada vez más intensamente. El afecto es musical. La melodía es el ruido producido por la piel frotada. El cuerpo respira siguiendo el ritmo de la fricción.

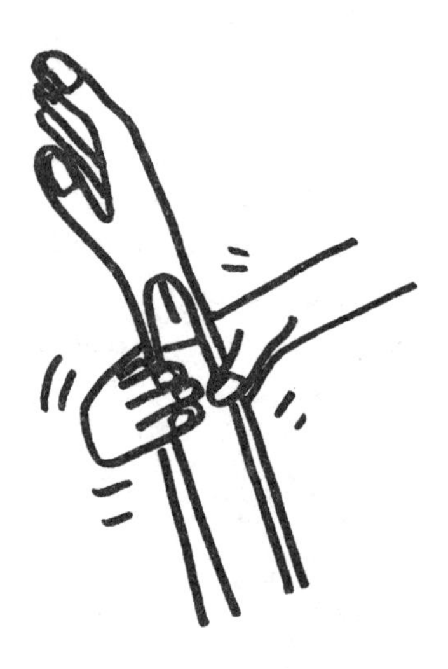

Como en la práctica anterior, la duración total debe controlarse con la ayuda de un cronómetro que indicará el final del placer y el apogeo orgásmico. La simulación del orgasmo se mantendrá durante diez segundos. Después, la respiración se hará más lenta y profunda, los brazos y el cuello quedarán totalmente relajados.

PRÁCTICA III. CÓMO HACER GOZAR A UN DILDO-CABEZA: CITACIÓN DE UN DILDO SOBRE UNA CABEZA

Principio que dirige la práctica: La lógica del dildo.

Tecnología: Traslación contrasexual del dildo sobre una cabeza o dildotectónica aplicada a una cabeza.

Número de cuerpos (o sujetos hablantes) que comparten esta práctica: 3.

Material: Un rotulador rojo, 75 ml de agua coloreada de rojo (no tóxica), una maquinilla para cortar el pelo.

Duración total: 2 minutos y 5 segundos.

Descripción de la práctica: Tres cuerpos hablantes firman un contrato contrasexual cuya meta es conocer y perfeccionar la práctica de la citación del dildo sobre una cabeza. La práctica se llevará a cabo tantas veces como ellos lo juzguen necesario, para que todos los cuerpos se coloquen al menos una vez en la posición de receptáculo de la citación. En primer lugar, dos de los cuerpos afeitan la cabeza de un tercero.

La operación de traslación somática se realiza gracias a la citación del dildo sobre la superficie de la cabeza rapada, dibujando un dildo en la piel con un rotulador rojo.

El cuerpo que está en posición de receptáculo de la citación tiene 75 ml de agua de color rojo en la boca. Permanece de pie entre los otros dos cuerpos. Éstos frotan la dildo-cabeza siguiendo un ritmo regular, haciendo deslizar sus manos de abajo arriba (operación: hacer una paja a una cabeza-dildo). Cada cuarenta segundos, la dildo-cabeza escupe mirando al cielo. Los otros dos trabajadores son bendecidos por la lluvia púrpura.

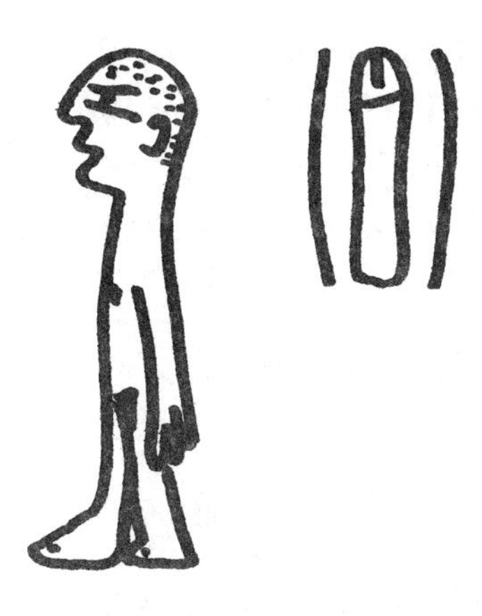

En dos minutos, habrá escupido tres veces. Justo después del tercer escupitajo, la cabeza-dildo lanzará un grito estridente para simular un violento orgasmo.

La práctica, que comenzará cada vez con el afeitado de cabeza (operación: cortar los cabellos), puede efectuarse durante varios días. Durante este período contractual, los tres cuerpos (o sujetos hablantes) compartirán la condición de raparse, y la práctica comenzará con la operación de citación del dildo sobre la cabeza de uno u otro. Los cuerpos (o sujetos hablantes) comprometidos en el contrato aprenderán a dominar el ejercicio del masaje de cabeza y demostrarán una tenacidad extrema hasta convertirse en expertos en el arte de simular orgasmos.

Teorías

LA LÓGICA DEL DILDO O LAS TIJERAS DE DERRIDA

¿Qué es un dildo: un objeto, un órgano, un fetiche...? ¿Debemos considerar el dildo una parodia irónica o bien la repetición grosera del pene? Cuando forma parte de ciertas prácticas lesbianas butch-fem, *¿debe interpretarse el dildo como una reminiscencia del orden patriarcal? ¿Acaso es el dildo el síntoma de una construcción falocéntrica del sexo? ¿Qué decir entonces de los dildos que no son «fálicos» (los que tienen la forma de cerdo, de mariposa o de sirena o que simplemente no son figurativos)? Si, como afirman las feministas procensura, como Andrea Dworkin, o las lesbianas radicales separatistas, como Danielle Charest, toda lesbiana que utiliza un dildo debe ser considerada una marimacho, siendo el dildo* una *imitación fálica que viene a compensar una envidia del pene, ¿cómo explicar que los hombres gays utilicen dildos? ¿Es posible refutar la creencia ordinaria, común a las feministas y a las/os antifeministas, según la cual la utilización del dildo supone la imitación de un acto heterosexual?*

¿Dónde se encuentra el sexo de un cuerpo que lleva un dildo? En sí, el dildo: ¿es un atributo femenino o masculino? ¿Dónde transcurre el goce cuando se folla con un dildo?

¿Quién goza? ¿Cuántos penes tiene un hombre que lleva un dildo? Si el dildo no es más que un «sustituto artificial» del pene, ¿cómo explicar que los hombres que ya tienen un pene empleen cinturones-pollas? ¿Cómo seguir hablando del dildo como «la reproducción de un pene artificial que vendría a colmar una falta» cuando se utilizan dos o varios dildos? ¿Podemos seguir tomando la imagen «natural» del cuerpo masculino como referente de imitación, cuando el dildo se coloca en otra parte del cuerpo (brazo, antebrazo, muslo) distinta de la región pelviana? ¿Cuál es la diferencia estructural entre un dildo y un vibrador?, ¿y entre un dildo y un látigo? Y ¿cuál es la relación estructural entre un cinturón-polla y un cinturón de castidad? Dicho de otra manera, ¿está el dildo ligado genealógicamente al pene a través de una lógica de imitación o, más bien, a las tecnologías de represión-producción de placer del cinturón de castidad y del vibrador clitoridiano?

Alguien en un mundo sexual futuro recordará los años noventa como los años del dildo. En 1991, Del LaGrace, que para entonces ha comenzado un proceso de transformación física hormonal, publica *Loves Bites,* una colección de fotografías que algunas librerías feministas de Londres se negarán a vender. Se censuran especialmente dos imágenes: la fotografía de un gay haciéndole una mamada al dildo de una bollo y una fotografía de penetración entre bollos con dildo. También en Inglaterra, Jennifer Saunders será acusada de haber violado a unas niñas menores con un dildo, y será juzgada por ello con más dureza de la que nunca un hombre fue juzgado por violación. Mientras tanto Suzie Bright, alias Suzie Sexpert, dedicará por primera vez una crónica mensual al dildo en su columna de la revista gay y lesbiana *The Advocate.* Poco después las revistas *Outlook* y *On Our Backs* se harán eco de este debate.

En la película de Monika Treut, *Virgine Machine,* Dorothée ve el mundo a través del dildo translúcido que le tiende una bailarina de *striptease* feminista prosexo de San Francisco. En París, los dildos penetran la pantalla en el festival de cine lesbiano «Quand les Lesbiennes se Font du Cinéma», causando un conflicto que enfrentará generaciones y posiciones políticas. En los clubes de lesbianas de Nueva York, de Los Ángeles y de Londres Diane Torr dirige los primeros espectáculos de *drag kings,* en los que mujeres «biológicamente definidas» se hacen pasar por hombres. Al mismo tiempo, Annie Sprinkle organiza junto a Jack Amstrong, un transexual FtoM *(female to male) preop,*[1] un taller titulado «Drag King for a day» («Drag King por un día»), donde mujeres heterosexuales y lesbianas aprenden la performance de la masculinidad. Uno de los retos del taller consiste en familiarizarse con la técnica del *packing:* se trata de hacerse un «paquete» metiendo calcetines en el calzoncillo y, si la ocasión lo requiere, utilizar un dildo sin ser descubierto por su pareja sexual. Los resultados del taller son sorprendentes: las participantes confiesan haber ligado como nunca, y no haberse sentido mejor en su vida al dar un simple paseo por la ciudad haciéndose pasar por hombres.

El dildo se ha vuelto el espejo de Alicia-bollo a través del que leer las diferentes culturas sexuales. Enciende el fuego de la crítica de un determinado discurso feminista y lésbico. Es relegado al rango de la panoplia *sadomasoquista*

1. Los términos «preop» y «postop» se refieren a los estados preoperatorio (es decir, hormonal) y postoperatorio de las transformaciones del cuerpo transexual.

y butch/fem[2] y se interpreta, a menudo, como un signo del calado lamentable de los modelos patriarcales y falocéntricos en la sexualidad lésbica. Las partidarias de la censura de los dildos en las escenas pornográficas lesbianas argumentan que el dildo ha reintroducido en éstas el poder fálico y machista, y que no es sino la proyección de un deseo masculino en la sexualidad lésbica, incluso femenina. Objeto maldito, el dildo es la pieza que falta para resolver el enigma paranoico que representa el sexo lésbico dentro de un modelo sexual heterocentrado. Como si permitiera responder a la pregunta candente: ¿cómo pueden las lesbianas follar sin pene?

A juzgar por las reacciones y controversias que suscita la más mínima aparición del dildo, podemos apostar que Elain Creith se equivoca al afirmar que «los juguetes sexuales son políticamente volátiles».[3] De hecho, la marginalización y la invisibilidad del dildo son constantes y generalizadas: ausencia de análisis sobre la presencia del dildo en las prácticas gays, información incompleta y descriptiva en las comunidades transexuales y S&M, timidez de los textos teóricos.

En la teoría *queer* americana y en las relecturas perversas del psicoanálisis que ésta ha fomentado, hay que buscar los escasos análisis del dildo en las discusiones más generales sobre el «falo femenino», «la envidia del pene» o en los textos que tratan de la rearticulación de la noción freudiana de fetichismo con la de deseo femenino.

2. Las prácticas *butch/fem* aparecieron en la cultura lesbiana americana a finales de los años cuarenta como declinaciones de la masculinidad *(butch)* y de la feminidad *(fem)* y de los roles sexuales tradicionalmente entendidos como masculinos y femeninos. En todo caso, tanto la *butch* como la *fem* representan dos formas de distanciamiento frente a la identidad de mujer tal como se la entiende en la cultura heterosexual.

3. Elain Creith, *Undressing Lesbian Sex,* Londres, Cassel, 1996, p. 91.

Teresa de Lauretis, por ejemplo, critica el heterocentrismo que permite a Lacan jugar permanentemente con la ambigüedad falo/pene (para Lacan, el pene es un órgano genital que pertenece a los cuerpos masculinos, mientras que el falo no es ni un órgano ni un objeto, sino un «significante privilegiado» que representa el poder y el deseo mismo, y confirma el acceso al orden simbólico). Para la autora de *The Practice of Love,* con Lacan se plantea la cuestión de tener o no tener el falo desde una perspectiva heterosexual (que la teoría y la práctica psicoanalíticas se afanan en encontrar o en inducir en los sujetos), en la que la diferencia sexual hombre/mujer y el acto de copular con vistas a la reproducción son la norma.[4]

En este contexto, el dildo viene a ocupar un lugar estratégico entre el falo y el pene. Va a actuar como un filtro y a denunciar la pretensión del pene de hacerse pasar por el falo. Tales son, en todo caso, las conclusiones que Teresa de Lauretis extrae de la película clásica de Sheila MacLaughlin *(She Must Be Seeing Things,* 1987) en la que Agatha, una lesbiana, es atacada por una paranoia de celos al pensar que su compañera sexual va a abandonarla por un hombre. Los dildos y los juguetes sexuales aparecen en la película como objetos de transición que permiten a la protagonista lesbiana desromantizar y desnaturalizar los escenarios heterosexuales. La especificidad de la película es poner en duda la estabilidad del orden de lo visible, de ahí la pregunta en torno a la que gira el guión: «¿Cuáles son esas cosas que ella tiene la sensación de ver?»[5] ¿Cuáles son las «cosas» que ven las lesbianas? O dicho de otro modo,

4. Teresa de Lauretis, *The Practice of Love, Lesbian Sexuality and Perverse Desire,* Indianápolis, Indiana University Press, 1994, p. 220.
5. *Ibid.,* p.113.

¿cómo ven las lesbianas las cosas, los órganos, los cuerpos? Agatha atiza sus celos rebuscando en el diario y en las fotos de su amante Jo, hasta que encuentra lo que estaba buscando. Entonces lo ve claro: Jo se interesa por los hombres y le es infiel. Con la esperanza de igualar a su rival masculino, Agatha empieza a vestirse con ropa de hombre y finalmente decide visitar un sex-shop para comprar un dildo realista.

Es en el sex-shop donde Agatha aprenderá a ver las cosas de otra manera. Según De Lauretis, cuando Agatha ve por primera vez un dildo se enfrenta con «el falo en su manifestación más modesta, se enfrenta con el falo como mercancía».[6] Aún más importante, Agatha ve algo más en el establecimiento: una muñeca hinchable de tamaño natural. En el imaginario heterosexual de la película la muñeca hinchable es el correlato del dildo. En el mercado sexual hetero, los hombres pueden comprar una copia de la totalidad del cuerpo femenino, mientras que las mujeres deben contentarse con una réplica del pene. Para Teresa de Lauretis, la diferencia que existe entre la «muñeca hinchable» y el «dildo realista» como mercancías vuelve explícita la asimetría «que existe entre hombres y mujeres en el acceso a la sexualidad».[7]

Esta escena cambiará la forma de «ver las cosas» de Agatha, su relación con lo imaginario y su manera de construirse como sujeto de deseo. Agatha comienza a comprender lo que es el lesbianismo «viendo» que la heterosexualidad se reduce a muy pocas «cosas». Para De Lauretis, el dildo constituye un primer momento en la confrontación de la sexualidad lésbica con la heterosexualidad; un segun-

6. *Ibid.,* p. 110.
7. *Ibid.,* p. 101.

do momento será aquel en el que el sexo lésbico escapa de la reproducción de las asimetrías del orden simbólico heterosexual. Lo que interesa aquí a De Lauretis es la ruptura epistemológica que el dildo introduce. En este análisis, el dildo tiene solamente un valor crítico y no práctico. Ésta es la razón por la cual, después de confrontarse con el imaginario heterosexual y de quitarse de encima el peso del falo, Agatha abandona el sex-shop sin comprar un dildo.

En la obra de Judith Butler, *Bodies that Matter,*[8] el análisis del dildo está oculto detrás de la cuestión más amplia del «falo lésbico», así como detrás de las preguntas aparentemente más dignas y filosóficas acerca del estatuto del sujeto, el poder y el deseo sexual lésbicos. Retorciendo el cuello a la «envidia de pene» definida por Freud, Butler señala que los hombres deben medirse sin cesar con el ideal del falo precisamente porque están dotados de pene y no de falo, y por tanto obligados a demostrar su virilidad de manera compulsiva. Una prueba que no tienen que sufrir las lesbianas. Pero, cediendo a las exigencias del lenguaje psicoanalítico, Butler omite el término «dildo», hasta el punto de atribuir al falo unas características que asociaríamos, más bien y sin vacilar, con los juguetes sexuales: «plasticidad, transferibilidad y expropiabilidad».[9] «La capacidad de desplazamiento del Falo –dice Butler–, su capacidad de simbolizar en relación con otras partes del cuerpo, o bien con otros objetos que se parecen al cuerpo, abre la vía al Falo lésbico».[10] Pero ¿de qué «Falo lésbico» se trata? Difícil de saber puesto

8. Judith Butler, *Bodies that Matter, op. cit.,* 1993, pp. 57-91.
9. Es a Ira Livingston a quien debo esta acertada observación.
10. Judith Butler, *Bodies that Matter, op. cit.*, 1993, p. 158.

que Butler omite cualquier referencia a prácticas sexuales concretas.

Lo que el argumento butleriano sí pone de manifiesto es que tanto las lesbianas feministas antidildo como los discursos homófobos descansan sobre un falso presupuesto común: todo el sexo hetero es fálico, y todo el sexo fálico es hetero. Por ejemplo, en la ortodoxia feminista, toda representación del falo se considera sinónima del retorno del poder heterosexista sobre la mujer/la lesbiana. Llevando al extremo dicha hipótesis, algunas separatistas radicales llegarán a afirmar que un acto sexual entre dos lesbianas en el que interviene un dildo «no es verdaderamente lésbico». En el discurso heterocentrado tradicional, aparentemente opuesto pero finalmente simétrico al del feminismo separatista, la utilización de dildos entre lesbianas aparece como la prueba efectiva de que «un acto sexual sin pene no puede considerarse verdaderamente sexual».

Todos estos juegos teóricos para demostrar que existe una distancia entre el falo y el pene que el sexo lésbico puede superar, reterritorializar y subvertir, omiten el primer análisis que se impone: el del dildo como tecnología sexual que ocupa un lugar estratégico entre las tecnologías de represión de la masturbación y las tecnologías de producción de placer. El dildo no es el falo y no representa el falo porque el falo, digámoslo de una vez por todas, no existe. El falo no es sino una hipóstasis del pene. Tal y como muestra la asignación de sexo en el caso de los bebés intersexuales, es decir, en aquellos bebés cuyos órganos sexuales no pueden identificarse a simple vista como simplemente masculinos o femeninos (volveré sobre esta cuestión en el capítulo «Money makes sex»), la llamada diferencia sexual «natural» y el orden simbólico que de ella parece derivarse no son sino una cuestión de centímetros.

Al depender excesivamente del lenguaje psicoanalítico del falo, estas relecturas feministas y posfeministas *queers* del dildo obvian las operaciones tecnológicas que han regulado y controlado la construcción y la reproducción tecnológica de la masculinidad y la feminidad al menos durante los dos últimos siglos. Si el dildo es disruptivo, no lo es porque permita a la lesbiana entrar en el paraíso del falo, sino porque muestra que la masculinidad está, tanto como la feminidad, sujeta a las tecnologías sociales y políticas de construcción y de control. El dildo es el primer indicador de la plasticidad sexual del cuerpo y de la posible modificación prostética de su contorno. Quizás el dildo esté indicando que los órganos que interpretamos como naturales (masculinos o femeninos) han sufrido ya un proceso semejante de transformación plástica.

Sólo Judith Halberstam ha trabajado teóricamente el dildo, no ya como significante fálico, sino y sobre todo como objeto sexual y como modulador de los géneros. Para Halberstam, si el dildo suscita la reprobación en la comunidad lesbiana y en las representaciones en general, es porque este molesto juguete nos hace comprender que los verdaderos penes no son sino dildos, con la pequeña diferencia de que, hasta hace relativamente poco, los penes no estaban a la venta.[11] Siguiendo la misma lógica, Halberstam afirma que los espectáculos de *drag kings* no exhiben una falsa imitación de la masculinidad, sino que dejan entrever cómo se construye la masculinidad como auténtica.

11. Judith Halberstam, *Female Masculinity,* Durham, Duke University Press, 1994, p. 215.

Es necesario pensar el sexo, al menos a partir del siglo XVIII, como una tecnología biopolítica. Es decir, como un sistema complejo de estructuras reguladoras que controlan la relación entre los cuerpos, los instrumentos, las máquinas, los usos y los usuarios. El dildo se revela entonces como un instrumento entre otras máquinas orgánicas e inorgánicas (las manos, los látigos, los penes, los cinturones de castidad, los condones, las lenguas, etc.) y no simplemente como la réplica de un miembro único.

La contrasexualidad dice: la lógica de la heterosexualidad es la del dildo. Ésta remite a la posibilidad trascendental de dar a un órgano arbitrario el poder de instaurar la diferencia sexual y de género. El hecho de haber «extraído» del cuerpo, en forma de dildo, el órgano que instituye el cuerpo como «naturalmente masculino», debe considerarse un acto estructural e histórico decisivo entre los procesos de deconstrucción de la heterosexualidad como naturaleza. La invención del dildo supone el final del pene como origen de la diferencia sexual. Si el pene es a la sexualidad lo que dios es a la naturaleza, el dildo hace efectiva, en el dominio de la relación sexual, la muerte de dios anunciada por Nietzsche. En este sentido, el dildo puede considerarse un acto reflexivo fundamental en la historia de la tecnología contrasexual.

Se hace necesario filosofar no a golpe de martillo, sino de dildo. No se trata ya de romper los tímpanos sino de abrir los anos. Es necesario dinamitar el órgano sexual, aquel que se ha hecho pasar por el origen del deseo, por materia prima del sexo, aquel que se ha presentado como centro privilegiado donde el placer se toma a la vez que se da y como reserva de la reproducción de la especie. Mientras follamos, el dildo es el extranjero. Aun atado a mi cuerpo, el dildo no me pertenece. El cinturón viene a negar la verdad del placer como algo que se originaría en mí. Contradice la evidencia de que el placer tiene lugar en un órgano que es mío. Más aún, el dildo es lo impropio. En tanto que objeto inorgánico que cohabita con la carne, el dildo se parece a lo que Kristeva llama «el abyecto», puesto que mantiene una proximidad con la muerte, con la máquina, con la mierda.

Para desenmascarar la sexualidad como ideología, es preciso comprender el dildo (su corte con el cuerpo) como centro de significación diferido. El dildo no es un objeto que vendría a sustituir una falta. Se trata de una operación que tiene lugar en el interior de la heterosexualidad. Digámoslo una vez más, el dildo no es sólo un objeto sino que es, estructuralmente, una operación de cortar-pegar: una operación de desplazamiento del supuesto centro orgánico de producción sexual hacia un lugar externo al cuerpo. El dildo, como referencia de potencia y excitación sexual, traiciona al órgano anatómico desplazándose hacia otros espacios de significación (orgánicos o no, masculinos o femeninos) que van a ser resexualizados por su proximidad semántica. A partir de ese momento, cualquier cosa puede devenir dildo. Todo es dildo. Incluso el pene.

En esta primera fase reflexiva, el dildo poseía aún las características formales y/o materiales de su referente normativo –el pene–, la misma forma, el mismo tamaño y color.

El dildo puede ser considerado ejemplo paradigmático de lo que Derrida definió como el «peligroso suplemento» en su análisis de la oposición naturaleza/cultura en Rousseau: «el suplemento suple. No se añade más que para reemplazar. Interviene o se insinúa *en-lugar-de;* si colma, es como se colma un vacío. Si representa y da una imagen, es por la falta anterior de una presencia. Suplente y vicario, el suplemento es un adjunto, una instancia subalterna que *hace-las-veces-de.* En tanto que sustituto, no se añade simplemente a la positividad de una presencia, no produce ningún relieve, su sitio está asignado en la estructura por la marca de un vacío. En algún lugar algo no puede llenarse *consigo mismo,* no puede realizarse más que dejándose colmar por signo y procuración».[12]

Así, mientras que en un primer momento el dildo parece un sustituto artificial del pene, la operación de corte ya ha puesto en marcha un proceso de deconstrucción del órgano-origen. De la misma manera que la copia es la condición de posibilidad del original, y que el suplemento sólo puede suplir en la medida en que es más real y efectivo que aquello que pretende suplementar, el dildo, aparentemente representante de plástico de un órgano natural, produce retroactivamente el pene original. Gracias a una pirueta macabra que nos tenía guardada la metafísica, el dildo precede al pene.

Tanto si se añade al sexo como si lo sustituye, el dildo como suplemento es exterior, permanece fuera del cuerpo orgánico. El dildo es el alien. Es a la vez y paradójicamente la copia exacta y lo más ajeno al órgano; en este sentido su estatuto no difiere del de la prótesis, que como supo ver Merleau-Ponty, compromete todas las premisas de la fenomenología.[13] Como copia, mímesis parásita del pene, siempre está en camino de aproximarse, cada vez más, al ideal

12. Jacques Derrida, *De la gramatología,* Madrid, Siglo XXI, 1971, p. 185 (nota de los traductores: traducción ligeramente modificada).

13. Maurice Merleau-Ponty, *La fenomenología de la percepción,* traducción de Jem Cabanes, Madrid, Península, 1975.

de la imitación. Nunca es suficiente. Nunca está bastante cerca del órgano. En realidad, no se basta en sí mismo como imitación del órgano. No se contenta con imitar. Por eso debe transformarse constantemente, autoexcederse de tal manera que va literalmente más allá de la forma, de la talla y de la excelencia de aquello que supuestamente imita. El dildo dirige el pene contra sí mismo. Hasta ahora el órgano-sexual-de-carne-y-hueso, concebido como natural, como presencia, parecía autosuficiente. Por esta razón, en el imaginario heterocéntrico psicológico y médico moderno, el dildo ha visto limitada su utilización terapéutica a situaciones en las que los órganos vivos ya no funcionan (a causa de un accidente o de una enfermedad). Pensar que la sexualidad lesbiana es forzosamente una sexualidad con dildo sería incluir el cuerpo-bollo entre estos cuerpos inválidos para follar. Es sólo cuando la naturaleza ya ha fallado, anunciando la muerte, cuando el dildo es considerado por las instituciones médicas heterosexuales una medida de urgencia o un instrumento de compensación para colmar la falta. Pero el dildo no funciona como habría de esperarse si fuera un simple consolador.

El dildo desvía al sexo de su origen «auténtico» porque es ajeno al órgano que supuestamente imita. Extraño a la naturaleza, y producto de la tecnología, se comporta como una máquina que no puede representar la naturaleza sino a riesgo de transformarla. El dildo es el otro malvado. Es la «muerte» que acecha al pene vivo. Aterra. Relegado hasta ahora al rango de imitación secundaria, el nuevo sexo-de-plástico abre una línea de evolución de la carne alternativa a la del pene.

Pero el dildo es también sinónimo de impotencia, de alienación, de ausencia de erección, de pérdida del control. De esta manera, está más cerca de la representación decimonónica de la sexualidad femenina que masculina. Así parecería que tener un orgasmo con un dildo sería como estar poseído por un objeto. Perder la soberanía sexual para ganar por fin un placer plástico.

Así y poco a poco, el dildo se vuelve virus que corrompe la verdad del sexo. No es fiel a la naturaleza de los órganos. Es el siervo que se rebela contra el amo y proponiéndose como vía alternativa de placer vuelve irrisoria la autoridad de éste. No existe utilización natural del dildo. No hay orificio que le esté naturalmente reservado. La vagina no le es más apropiada que el ano.

La operación de corte y de traslación que representa el dildo inaugura pues, en un primer tiempo, un tráfico del significante que pone en marcha el proceso imparable de destrucción del orden heterocentrado. El segundo tiempo de esta lógica reflexiva es el perfeccionamiento del dildo, de modo que se aproxime cada vez más al ideal perfecto (en este sentido, las pollas de Rocco Siffredi y de Jeff Stryker deben ser consideradas dildos vivos) que instituye la diferencia sexual, y se aleje cada vez más de su referente anatómico. El dildo se vuelve mecánico, suave, silencioso, brillante, deslizante, transparente, ultralimpio, *safe*. No imita al pene, sino que lo sustituye y lo supera en su excelencia sexual.

En un tercer momento de reflexividad discursiva, el dildo vuelve sobre el cuerpo trasladándose sobre él para contrasexualizarlo (véanse las prácticas de inversión y de cita contrasexual). De esta manera, el cuerpo, que dependía de un orden orgánico jerarquizante y diferenciante, se transforma en pura horizontalidad, en superficie plana donde los órganos y las citas se desplazan a velocidad variable. El dildo realiza ahí su verdad: es efecto múltiple y no origen único.

El descubrimiento del dildo introduce en el sistema heterocentrado la posibilidad de repetición al infinito de un significante sexual. Así, el falo es devorado por la misma fuerza trascendental que lo había naturalizado. Como el capital, como el lenguaje, el dildo busca solamente su propia expansión polimorfa; ignora los límites orgánicos o materiales; se agarra a todo para crear la diferencia, genera la diferencia por todos lados, pero no se identifica con la diferencia misma. Es tránsito y no esencia.

El dildo es la verdad de la heterosexualidad como parodia. La lógica del dildo prueba que los términos mismos del sistema heterosexual masculino/femenino, activo/pasivo, no son sino elementos entre otros muchos en un sistema de significación arbitrario. El dildo es la verdad del sexo en tanto que mecanismo significante, frente a la que el pene aparece como la falsa impostura de una ideología de dominación. El dildo dice: el pene es un sexo de mentira. El dildo muestra que el significante que genera la diferencia sexual está atrapado en su propio juego. La lógica que lo ha instituido es la misma lógica que lo va a traicionar. Y todo ello bajo pretexto de una imitación, de la compensación de una discapacidad, de un mero suplemento prostético.

Esta traición se sitúa por ello del lado de la recitación subversiva de la heterosexualidad, y no del lado del rechazo de cualquier forma de significación «patriarcal». De la misma manera que existe una teología negativa, existe también una «sexología negativa» que procede mediante la exclusión de toda representación del «patriarcado» en lo que considera transfiguraciones del pene. La teoría lésbica separatista que critica la utilización del dildo, por su complicidad con los signos de la dominación masculina, cree todavía en la realidad del pene como sexo. En esta erótica hiperfeminizante, la ausencia que estructura el cuerpo, fiel a un esquema corporal monocéntrico y totalizante, guarda luto a la huella del mismo sistema falocéntrico que critica. La falta como ausencia del significante, como vacío efectivo («nunca un pene, nunca un dildo»), se transforma aquí en un nuevo centro del placer. En esta sexología negativa, la transgresión se produce negando la gramática misma que produce la significación sexual. Como si toda la gramática sexual estuviera contaminada o «patriarcalizada». Estas teorías corren el riesgo de reestructurar el cuerpo a partir de otro centro vacío, cuando podrían negar el centro como centro, multiplicándolo hasta que la noción misma de centro ya no tuviese sentido. El corrimiento provocado por el dildo no equivale a una sustitución del centro, incluso vacío, mediante la imitación de un modelo original. Es la conversión de cualquier espacio en centro posible lo que traiciona el origen. Hay que desterritorializar el sexo. Entonces, todo es dildo. Todo se vuelve orificio.

Si la castración es una metáfora tan fuerte en la ideología psicoanalítica, es precisamente por la potencialidad del corte como estrategia de subversión. Una vez más, no es la polla-martillo de Nietzsche la que opera la inversión de todos los valores, sino las tijeras de la bollo que cortan, desplazan y pegan. Por eso, ser «dildo-bollo» no es una identidad sexual entre otras o una simple declinación de los códigos de la masculinidad en un cuerpo femenino, sino la última identidad sexual posible. Más allá del dildo, todo se vuelve contrasexual.

El dildo convierte el follar (que en este caso podríamos denominar «bollar») en un acto paradójico al no poder ser identificado como órgano en la oposición tradicional hombre/activo o mujer/pasiva. Confrontada a este pequeño objeto, la totalidad del sistema heterosexual de los roles de género pierde su sentido.[14] Más aún, las ideas y los afectos tradicionales en torno al placer sexual y al orgasmo, tanto heterosexuales como homosexuales, se vuelven caducas cuando se trata del dildo.

Con relación al cuerpo, el dildo juega el papel de un límite en movimiento. Como significación descontextualizada, como cita subversiva, el dildo remite a la imposibilidad de delimitar un contexto. En primer lugar, pone en cuestión la idea según la cual el cuerpo masculino es el contexto natural de la prótesis del pene.

Después, y de un modo más drástico, amenaza la suposición según la cual el cuerpo orgánico es el contexto propio de la sexualidad.

El dildo, lejos de estabilizar la identidad sexual y la identidad de género de aquel/aquella que lo lleva (tanto si es considerado una imitación o una parodia), provoca una cadena de identificaciones y de negaciones sucesivas. En tanto que objeto atado a la carne, reestructura la relación entre el adentro y el afuera, entre lo pasivo y lo activo, entre el órgano natural y la máquina (véase capítulo sobre tecnologías del sexo). Como objeto móvil, que es posible desplazar, desatar y separar del cuerpo, y caracterizado por la reversibilidad en el uso, amenaza constantemente la estabilidad de las oposiciones dentro/fuera, pasivo/activo, órgano natural/máquina, penetrar/cagar, ofrecer/tomar...

El lado barato y de usar y tirar del dildo desmitifica el vínculo habitualmente establecido entre el amor y el sexo, entre reproducción de la vida y placer. He aquí un objeto que debe hervir a alta temperatura para estar bien limpio,

14. Sobre el *gender-fucking* en el sexo entre bollos véase Cherry Smyth, *Lesbians Talk Queer Notions,* Londres, Scarlet Press, 1992.

que puede regalarse, tirarse a la basura o servir de pisapapeles. El amor se va, el amor vuelve, las parejas sexuales van y vienen, pero el dildo siempre está ahí, como superviviente del amor. Como el amor, es tránsito, y no esencia.

Al reconfigurar los límites erógenos del cuerpo follador/follado, el dildo viene a poner en cuestión la idea de que los límites de la carne coinciden con los límites del cuerpo. Perturba de este modo la distinción entre sujeto sensible y objeto inanimado. Al poder separarse, resiste a la fuerza con la que el cuerpo se apropia para sí mismo del placer, como si éste fuese algo que viniera del propio cuerpo. El placer que procura el dildo pertenece al cuerpo sólo en la medida en que es reapropiación, sólo porque éste está «atado». El dildo plantea la cuestión de la muerte, de la simulación y de la falsedad en el sexo. Inversamente, obliga a interrogarse sobre la vida, la verdad y la subjetividad en el sexo. El dildo que goza sabe que el placer (todo placer sexual) nunca es dado o tomado, que nunca está ahí, que nunca es real, que siempre es incorporación y reapropiación.

BREVE GENEALOGÍA DE LOS JUGUETES SEXUALES O DE CÓMO BUTLER DESCUBRIÓ EL VIBRADOR

En su proyecto de la *Historia de la sexualidad* (que hoy sería quizás más preciso denominar «historia del biopoder»), Foucault identificó cuatro dispositivos que nos permiten comprender la sexualidad como el producto de tecnologías positivas y productivas, y no como el resultado negativo de tabúes, represiones, prohibiciones legales. Estas cuatro grandes tecnologías de la sexualidad son, según Foucault: la histerización del cuerpo de la mujer, la pedagogización del sexo del niño, la socialización de las conductas procreadoras y la psiquiatrización del placer perverso.

El análisis de los dispositivos de construcción de las sexualidades llamadas normales y desviadas pertenecería al estudio de esa zona que Deleuze y Donzelot llaman «lo social». «El sector social –dice Deleuze en su prefacio a *La Police des Familles*– no se confunde con el sector judicial, incluso si éste le dota de nuevas extensiones. Donzelot mostrará que lo social tampoco se confunde con el sector económico, puesto que, precisamente, inventa toda una economía social y recorta sobre nuevas bases las distinciones de rico y pobre. Tampoco con el sector público o el sector privado, puesto que induce al contrario una nueva figura híbrida de lo público y de lo privado, y produce él mismo una repartición, un entrelazamiento original de las intervenciones del Estado y sus retiradas, sus cargas y sus descargas.»[15] La definición de este espacio «social» no incumbe ni a la antropología ni a la sociología, sino que constituye una crítica interna de la estructura de las ciencias humanas, tal como las conocemos en el campo universitario y en las instituciones de producción y de transmisión del saber. Ésta pone en cuestión la posibilidad de continuar trabajando con categorías como «hombre», «humano», «mujer», «sexo», «raza», que no son sino el producto performativo del trabajo disciplinario emprendido por las ciencias humanas desde el siglo XVII.

Foucault había planeado la publicación de un volumen de su proyecto de *Historia de la sexualidad* dedicado al estudio de las figuras de la mujer, de la madre y de la histérica. Según el propio Foucault, este volumen se habría destinado a analizar la «sexualización del cuerpo de la mujer, los conceptos de la patología generados por esta sexualización y la inserción del cuerpo en una perspectiva que le dota de significación para la política social».[16] Finalmente no llegará a desarrollar sino una tímida genealogía de los dispositivos de la sexualidad que operan en la producción de los cuerpos de las mujeres en sus cursos del Collège de France de 1974 y 1975, y no tendrá tiempo de esbozar los argumentos que le hubieran permitido trazar un análisis diferencial de los dispositivos que llevan a cabo

15. Jacques Donzelot, *La Police des Familles,* 1977. Prefacio de Gilles Deleuze, pp. I-II.

16. Michel Foucault, «On the Genealogy of Ethics: and Overview of Work in Progress» (1983), en Paul Rabinow (ed.), *Ethics: Subjectivity and Truth. The Essential Works of Foucault, 1954-1984,* Nueva York, New Press, 1997, p. 255.

las diferentes inscripciones sexuales del cuerpo femenino, tan diferentes como la heterosexual o la lesbiana, la casada o la solterona, la frígida o la ninfómana, la casta o la prostituta...

Si algún trabajo ha sido llevado a cabo en esta dirección, este esfuerzo ha surgido de los análisis feministas y posfeministas *queer.* La llamada Second Wave Feminism americana llegó a elaborar la noción de «género» en tanto que construcción social, fabricación histórica y cultural que no estaría determinada por una verdad o un substrato ni natural ni ontológico. En esta línea constructivista quizás el esfuerzo más interesante de los últimos años ha sido el llevado a cabo por la teoría performativa de Judith Butler. No entraré aquí en una lectura interpretativa de las teorías sobre la identidad sexual que Butler desarrolla tanto en *Gender Trouble* como en *Bodies that Matter* entre 1990 y 1993. Por el contrario, me limitaré a interrogar ciertas «figuras», y en concreto la de la *drag queen,* que sirven a su análisis (o más bien de las que el análisis se sirve) y que a mi parecer señalan los límites de ciertas nociones performativas.

El éxito argumentativo de la teoría del género de Butler ha dependido en gran medida de la eficacia con la que la performance de la *drag queen* le ha permitido desenmascarar el carácter imitativo del género. Butler, apoyándose en el estudio antropológico llevado a cabo a principios de los años setenta sobre el travestismo en América realizado por Esther Newton,[17] enuncia una oda a los efectos paródicos y desnaturalizadores que produce la teatrali-

17. En el estudio de Newton los «travestis» son generalmente de origen caribeño y de clase baja –factores que pasan desapercibidos en el análisis de Butler–. Véase Esther Newton, *Female Impersonators in America,* Chicago, University of Chicago Press, 1972.

zación de la feminidad de la *drag queen.* Según Butler, la performance de la *drag queen* pone de manifiesto los mecanismos culturales que producen coherencia de la identidad heterosexual y que aseguran la relación entre sexo anatómico y género. Así, es la performance de la *drag queen* la que le permite a Butler concluir que la heterosexualidad es una parodia de género sin original en la que las posiciones de género que creemos naturales (masculinas o femeninas) son el resultado de imitaciones sometidas a regulaciones, repeticiones y sanciones constantes.

Más aún, en una segunda vuelta argumentativa, especialmente intensa a partir de 1993, Butler se esfuerza por redefinir la performance teatral en términos de performatividad lingüística. Así concluirá que los enunciados de género, desde los pronunciados en el nacimiento como «es un niño» o «es una niña», hasta los insultos como «maricón» o «marimacho», no son enunciados constatativos, no describen nada. Son más bien enunciados performativos (o realizativos), es decir, invocaciones o citas ritualizadas de la ley heterosexual. Si esta línea de análisis ha sido extremadamente productiva especialmente para la generación de estrategias políticas de autodenominación, así como en operaciones de resignificación y reapropiación de la injuria *queer,* es sin embargo problemática, en cuanto que completa el proceso, ya iniciado en *Gender Trouble,* de reducción de la identidad a un efecto del discurso, ignorando las formas de incorporación específica que caracterizan distintas inscripciones performativas de la identidad.

Durante todo este proceso argumentativo, Butler parece haber puesto entre paréntesis tanto la materialidad de las prácticas de imitación como los efectos de inscripción sobre el cuerpo que acompañan a toda performance.[18] Así por ejemplo, Butler utiliza el caso de Venus Extravaganza, una de las protagonistas de la película documental *Paris is burning*, en *Bodies that Matter* sin tener en cuenta que Venus ha iniciado ya un proceso de transexualidad prostética, y que vive de un trabajo de prostitución sexual en el que utiliza tanto sus senos de silicona como su *penis* «natural», y por último olvida que Venus no es un(a) ciudadan(a) blanc(a) american(a), sino un travesti de color y de origen latino. Finalmente, más allá de todo efecto previsible de violencia performativa, Venus será asesinada en Nueva York por un cliente, haciendo aún más cruda la realidad que el análisis de Butler había pasado por alto.

La noción butleriana de «performance de género», así como la aún más sofisticada «identidad performativa», se deshace prematuramente del cuerpo[19] y de la sexualidad haciendo imposible un análisis crítico de los procesos tecnológicos de inscripción que hacen que las performances «pasen» como naturales o no. Y es precisamente esta imposibilidad de pasar (pasar por mujer, pasar por americana, pasar por blanca) la que va a conducir a la muerte a Venus Extravaganza. Por ello las comunidades transgénero y transexuales americanas van a ser las primeras en criticar la instrumentalización de la performance de la *drag queen* en la teoría de Butler como ejemplo paradigmático de la producción de la identidad performativa.[20]

18. De algún modo, si la noción de técnica había permitido a Foucault pasar de los discursos a las prácticas, la noción de performatividad recorre en Butler un camino opuesto, llevando desde las performances a los discursos.

19. A pesar de que sería posible argumentar una relación estructural entre esta noción butleriana de performance y la utilización de la performance como instrumento político en el feminismo de los setenta y en el *body art*.

20. Para un resumen de estas críticas véase Jay Prosser, *Second Skins: The Body Narratives of Transsexuality*, Nueva York, Columbia University Press, 1998.

Butler, al haber acentuado la posibilidad de cruzar los límites de los géneros por medio de performances de género, habría ignorado los procesos corporales y especialmente las transformaciones que suceden en los cuerpos transgénero y transexuales, así como las técnicas de estabilización del género y del sexo que operan en los cuerpos heterosexuales.[21] Lo que las comunidades transexuales y transgénero han puesto sobre la mesa no son tanto performances teatrales o de escenario a través de los géneros *(cross-gender)* como transformaciones físicas, sexuales, sociales y políticas de los cuerpos fuera de la escena, dicho de otro modo, tecnologías precisas de transincorporación: clítoris que crecerán hasta transformarse en órganos sexuales externos, cuerpos que mutarán al ritmo de dosis hormonales, úteros que no procrearán, próstatas que no producirán semen, voces que cambiarán de tono, barbas, bigotes y pelos que cubrirán rostros y pechos inesperados, dildos que tendrán orgasmos, vaginas reconstruidas que no desearán ser penetradas por un pene, prótesis testiculares que hervirán a cien grados y que podrán incluso fundirse en el microondas...

Estoy sugiriendo que quizás si las hipótesis del llamado «constructivismo de género» han sido aceptadas sin producir transformaciones políticas significativas, podría ser precisamente porque dicho constructivismo depende de y mantiene una distinción entre sexo y género que viene a hacer efectiva la oposición tradicional entre cultura y naturaleza, y por extensión entre tecnología y naturaleza. La necesidad de luchar contra formas normativas de esen-

21. La oposición de Prosser entre transiciones discursivas y corporales pone de manifiesto la insuficiencia de los análisis de la performance de género para dar cuenta de las incorporaciones concretas de la sexualidad y el género.

cialismo de género de toda índole habría hecho al feminismo y el posfeminismo de los noventa víctima de su propia depuración discursiva.

En mi opinión, existe una brecha teórica y política entre la afirmación de Simone de Beauvoir «no se nace mujer, se llega a serlo» y la declinación de esa máxima por Monique Wittig, en el artículo que llevará por título, precisamente, «No se nace mujer». Cuando Wittig afirma en 1981 que «las lesbianas no son mujeres», se trata no solamente de señalar el carácter construido del género, sino más aún de reclamar la posibilidad de intervenir en esta construcción hasta el punto de abrir líneas de deriva con respecto a un devenir que se impone, si no como natural, al menos como socialmente normativo o incluso como simbólicamente preferente.[22]

Mi esfuerzo consiste en un intento de escapar al falso debate esencialismo-constructivismo (dicho de otro modo, a la oposición tradicional naturaleza-cultura, hoy rebautizada naturaleza-tecnología), en confrontar los instrumentos analíticos tanto de la teoría *queer* como de las filosofías posestructurales (e incluyo aquí tanto la deconstrucción como la genealogía foucaultiana o el esquizoanálisis de Deleuze y Guattari) a ciertos órganos y objetos impropios a los que ni el feminismo ni la teoría *queer* han querido o han podido dar respuesta. Lo he intentado en el capítulo precedente analizando el dildo y lo haré en el próximo al estudiar algunos órganos sexuales quirúrgicamente reconstruidos u hormonalmente transformados. En este capítulo

22. Me refiero aquí a la ambigüedad con la que ciertas teorías psicoanalíticas, como la de Julia Kristeva, adoptan esquemas constructivistas del género al mismo tiempo que privilegian modelos tradicionales de feminidad (maternales y prelingüísticos).

atacaré especialmente a las tecnologías implicadas en la represión y la producción del orgasmo, las que anteceden y prefiguran los *sex toys* (juguetes sexuales) contemporáneos, que hasta ahora habían sido considerados instrumentos fetichistas.

Esta confrontación forzada avanza hacia un «metaconstructivismo» no sólo del género sino y sobre todo del sexo, es decir, hacia una reflexión sobre los límites del constructivismo; y prefigura cierta forma de materialismo o empirismo radical *queer*. Es también una respuesta a la necesidad, tras un momento de concentración en torno a la identidad y sus políticas, de volver sobre las prácticas, sobre lo que Foucault hubiera llamado el «conjunto de los modos de hacer sexo», modos por los que el cuerpo es construido y se construye como «identidad».[23]

En un intento precisamente de interrogar los límites de la teoría *queer*, voy a partir de una reflexión en torno a estos órganos y objetos impropios relacionados con la represión o la producción del placer sexual. Estas «máquinas sexuales» que identificaré como estructuralmente vecinas del dildo existen en una zona intermedia entre los órganos y los objetos. Se asientan, inestablemente, sobre la articulación misma naturaleza-tecnología.

Este conjunto de máquinas sexuales nos permitirá comenzar una reflexión sobre los efectos de transformación de la carne implicados en toda invocación performativa de la identidad sexual, y finalmente nos conducirá al intento de reformular la identidad de género en términos de incorporación prostética. Entremos en este debate recordando la enigmática frase de Georges Canguilhem en

23. Esta atención a las prácticas, a lo que «se hace», era ya una constante de la arqueología foucaultiana.

La Conaissance de la Vie, «las máquinas pueden ser consideradas órganos de la especie humana». Este capítulo nos conducirá a interrogarnos sobre qué clase de órganos-máquina son los órganos sexuales de esta especie que hoy denominamos poshumana.

En el estudio de la relación entre los cuerpos y los objetos sexuales, Gayle Rubin, más que Foucault, aparece como una figura iniciática. Las memorias de Rubin sobre los orígenes de Samois, la primera organización S&M lesbiana fundada en 1978 en San Francisco, recogen su fascinación por algunas de las «fabricaciones extraordinarias de placer» y algunos de los «instrumentos» que participaban en los «usos desexualizados y desvirilizados de los cuerpos» a los que Foucault se había referido con admiración en diversas ocasiones. «No veo cómo se puede hablar de fetichismo y de sadomasoquismo –explica Rubin– sin pensar en la producción del caucho, en las técnicas usadas para guiar y montar a caballo, en el betún brillante de las botas militares, sin reflexionar sobre la historia de las medias de seda, sobre el carácter frío y autoritario de los vestidos medievales, sobre el atractivo de las motos y la libertad fugaz de abandonar la ciudad por carreteras enormes. Cómo pensar sobre el fetichismo sin pensar en el impacto de la ciudad, en la creación de ciertos parques y calles, en los "barrios chinos" y sus entretenimientos "baratos", o la seducción de las vitrinas de los grandes almacenes que apilan bienes deseables y llenos de glamour. Para mí, el fetichismo suscita toda una serie de cuestiones relacionadas con cambios en los modos de producción de objetos, con la historia y la especificidad social del control, de la destreza y de las "buenas maneras", o con la experiencia ambigua de las invasiones del cuerpo y de la graduación minuciosa de la jerarquía. Si toda esta información social compleja se reduce a la castración o al complejo de Edipo o a saber o no lo que se supone que uno debe saber, entonces se pierde algo importante».[24]

Gayle Rubin, que a diferencia de Foucault no tiene miedo de adoptar como referencia los modos de producción del capital y la cultura popular, en lugar de volver a los griegos, apunta la posibilidad de considerar la sexualidad parte de una historia más amplia de las tecnologías, que incluiría desde la historia de la producción de los objetos de consumo (motos, coches, etc.), la historia de la transformación de las materias primas (seda, plástico, cuero, etc.), a la historia del urbanismo (calles, parques, distritos, carreteras abiertas, etc.). Se trataría, pues, de repensar el S&M y el fetichismo no tanto como perversiones marginales en relación con la sexualidad «normal» dominante, sino más bien como elementos esenciales de la producción moderna del cuerpo y de la relación de éste con los objetos manufacturados. De este modo la historia de la sexualidad se desplaza desde el ámbito de la historia natural de la reproducción para formar parte de la historia (artificial) de la producción. Siguiendo esta intuición de Gayle Rubin voy a intentar reconstituir el lugar que ocupa el dildo en un entramado complejo de tecnologías de producción, de signos, de poder y finalmente de tecnologías del yo.

Es en este marco de análisis en el que me gustaría esbozar el desarrollo de un conjunto de tecnologías relacio-

24. Gayle Rubin, entrevista con Judith Butler, «Sexual Traffic», en *Feminism Meets Queer Theory,* Elisabeth Weed y Naomi Schor, eds., Indiana, Indiana University Press, 1997, p. 85.

nadas con la producción de lo que hoy podríamos denominar el «placer sexual» y más específicamente en torno a lo que la sexología moderna ha dado en llamar «orgasmo», unidad última e irreductible del placer individual. Este breve análisis mostrará, primero, que la intervención (producción) tecnológica en (de) la sexualidad ha sido una práctica constante (si bien bajo modelos diferentes y discontinuos) de la modernidad. Por tanto, si cabe hablar de un cambio contemporáneo en la reproducción sexual éste se hallaría en las transformaciones estratégicas de ciertas formas de incorporación tecnológica del sexo y no tanto en un paso (inquietante o alarmante, como suele calificarse en las narraciones apocalípticas de ciertos naturalismos) de una forma natural de sexualidad a una sexualidad tecnológica. En segundo lugar, ninguna de estas tecnologías debe ser considerada un sistema total que vendría a producir absoluta y necesariamente ciertos «sujetos de placer». Más bien al contrario, estas tecnologías se mostrarán como estructuras fallidas (desbordando, por tanto, la noción misma de estructura) en las que ningún instrumento de dominación está a salvo de ser pervertido y reapropiado en el interior de lo que llamaré, siguiendo las intuiciones de Foucault, distintas «praxis de resistencia».

El análisis de ciertos instrumentos y objetos producidos durante el siglo XIX y principios del XX, como guantes para impedir el contacto de la mano y el clítoris, o los llamados «vibradores musculares», mostrará que el «placer sexual femenino» es el resultado del trabajo de dos dispositivos opuestos que operan de forma paralela desde finales del siglo XVIII hasta mediados del siglo XX: por una parte, las técnicas relacionadas con la represión de la masturbación y las técnicas de curación de la histeria. Voy a limitarme aquí a delinear esquemáticamente una posible genealogía de la producción del orgasmo femenino, sabiendo que sería posible llevar a cabo un análisis similar sobre la erección y la eyaculación masculinas como resultado del encuentro paradójico entre las técnicas de represión de la masturbación y los tratamientos destinados a la cura de la impotencia, la debilidad sexual y la homosexualidad.

ÁTAME: TECNOLOGÍAS DE LA MANO MASTURBADORA

La representación del cuadro *Los cinco sentidos* de Theodore Rombout muestra cinco figuras, todas ellas masculinas. Tres de las figuras, que representan el Olfato, el Gusto y el Oído, son tres varones jóvenes y sanos. Los tres parecen absortos en cada una de sus experiencias sensoriales. No existe conexión visual entre el Olfato, el Oído y el Gusto. Por el contrario, una fuerte conexión se establece entre la Vista, representada por un viejo sabio que sujeta un par de anteojos, y el Tacto, un viejo que acaricia la cara de una estatua de piedra. Mientras que el Tacto reconoce la superficie de la cara con sus manos, la Vista le mira con un gesto distante y elevado que parece abarcar tanto el Tacto como la cara que es tocada. El Tacto y la Vista están marcados por una asimetría epistemológica radical: el Tacto es ciego, mientras que la Vista toca con la mirada sin ser contaminada ni por lo particular, ni por la materia, es decir, la Vista supone un modo superior de la experiencia que no necesita ni de la mano ni de la piel.[25]

25. La oposición entre el tacto y la visión ha estructurado las nociones modernas de ciencia y conocimiento. El tacto, como el amor, es asociado con la ceguera y por tanto con la falta de autonomía, con la enfermedad.

En la transición del tacto a la vista que marcará la emergencia de la modernidad filosófica, el tacto en tanto que sentido minusválido será literalmente contenido y efectivamente «impedido» por medio de una serie de instrumentos técnicos que mediarán la relación entre la mano y los órganos genitales, y que vendrán a regular las posibilidades inquietantes abiertas por la mano que se toca a sí misma y que convierte al individuo en su propio objeto de conocimiento, de deseo y placer. Detrás del problema de la ceguera, que estructura los debates sobre el conocimiento y la sensibilidad en Locke, Berkeley, Condillac, Buffon, Diderot y Voltaire, se esconde la mano moderna del masturbador.

Como Vern L. Bullough muestra en el primer estudio detallado de la historia de las tecnologías sexuales,[26] entre los siglos XVIII y XIX existe una enorme producción de aparatos e instrumentos dedicados a la prevención de lo que se dio en llamar «enfermedades producidas por la masturbación». Aunque la masturbación era conocida como un «vicio solitario» desde la Antigüedad, y aunque ya en el tratado clásico de medicina de Sinibaldi, *Geneanthropeia* –frecuentemente considerado el primer tratado de sexología–, aparece como la causa posible de diferentes afecciones, tales como «el estreñimiento, la joroba, el mal aliento o la congestión nasal»,[27] no será hasta el siglo XVIII cuando la masturbación sea definida médica e institucionalmente

Véanse *Modernity and the Hegemony of Vision,* D. M. Levin (ed.), Berkeley, Berkeley University Press, 1993; y en *Visible Touch,* Terry Smith (ed.), Sidney, Power Publications, 1997.

26. Véase Vern Bullough, *Sexual Variance in Society and History,* Nueva York, Wiley, 1976.

27. Reay Tannahill, *Sex in History,* Nueva York, Scarborough House/Publishers, 1992, p. 344.

como una «enfermedad». Una de las primeras fuentes de la creencia en la insalubridad de la masturbación será el tratado inglés anónimo *Onania, the Henious Sin of Self-Pollution,* publicado en Holanda en torno a 1710, y que presenta la «decadencia moral y física» a la que lleva lo que el relato denomina el «abuso de sí» *(self-abuse).*

Unos años más tarde, en 1760, el médico suizo Samuel Auguste Tissot publica *L'Onanisme. Dissertation sur les maladies produites par la masturbation.*[28] Según la teoría de los humores de Tissot, la masturbación es ante todo una forma de *gâchis,* es decir, un derroche innecesario de la energía corporal que conduce inexorablemente a la enfermedad e incluso a la muerte. Este *gâchis* está presente no sólo en la masturbación, sino también en «todo coito cuyo objetivo no es la procreación» y, por tanto, toda relación homosexual. Es importante señalar que, para Tissot, la masturbación no es una enfermedad en sí misma, sino un factor causal presente en un conjunto diverso de enfermedades, entre otras la epilepsia, la estupidez y la locura.[29]

A pesar de las diferencias entre ambos tratados clásicos, existe un denominador común a *Onania* y a *L'Onanisme:* que llevan a cabo, respectivamente, la descripción de un proceso de degeneración moral y su identificación patológica. Ambos señalan la aparición simultánea del sexo individual y de un conjunto de técnicas del yo mediante las que conocer, controlar y producir al individuo

28. Samuel Auguste Tissot, *L'Onanisme. Dissertation sur les maladies produites par la masturbation,* Lausanne, Grasset, 3.ª ed., 1764 (traducción al castellano: *El onanismo. Tratado de las enfermedades producidas por la masturbación y su tratamiento,* Barcelona, Estibil, 1845).

29. Así por ejemplo, una de las pruebas, según Tissot, de que existe una relación causal entre masturbación y locura es la cantidad de «jóvenes masturbadores» que pueblan los asilos psiquiátricos en Francia y Suiza.

como sujeto de una identidad sexual. Ambos suponen un modelo del cuerpo individual como sistema autorregulado, un circuito cerrado y finito de energía cuyo gasto puede ser puesto en peligro por la pérdida excesiva de ciertos fluidos corporales, como el agua, la sangre y el semen.[30] La retórica del abuso de sí define un riesgo de contaminación y de enfermedad interno al propio circuito corporal del individuo. El peligro precede a la comunidad y la relación sexual. La contaminación sucede en un nuevo espacio en el que la sexualidad se define: el individuo y su propio cuerpo. La falta de autocontrol *(self-control)* y el exceso de autoafección *(self-affection),* al amenazar el equilibrio de los fluidos energéticos del cuerpo individual, se transforman en abuso de sí y en autocontaminación. Antes de que se haya producido algún tipo de relación sexual, el individuo se halla ya amenazado por una forma de contaminación de la que su propio cuerpo sería la única fuente.

Tissot, en un gesto sintomático de la aparición de una nueva forma de poder que Foucault identificará como «biopolítica», anticipa la producción del cuerpo vivo como «bien» y «mercancía» y la regulación de la sexualidad como la forma fundamental de la producción heterosexual de la vida. En este modelo físico de circuitos, fluidos y vasos comunicantes, la energía sexual no es sino una modalidad de la energía del cuerpo susceptible de ser transformada en fuerza física en el caso del trabajo o en fuerza de procreación en el caso de la actividad (hetero)sexual.[31] Aquí, el

30. Las secreciones vaginales en este circuito energético ocupan precisamente una posición intermedia entre el agua, la sangre y el semen, sin alcanzar nunca el «poder activo» que el semen posee, según Tissot. Véase S. Auguste Tissot, *L'Onanisme..., op. cit.,* p. 75.

31. Pensemos en las repercusiones que esta definición del sexo como trabajo tendría para la redefinición de la prostitución.

placer es considerado un simple subproducto, una suerte de residuo que resulta del consumo de esta energía sexual. La consecuencia de esta economía restrictiva de fluidos corporales y placeres sexuales –modelo que pasará a la teoría freudiana de los vasos comunicantes– es que, indirectamente, cualquier actividad productiva depende de un *surplus* de fluidos y de energías sexuales que puede ser di-vertido o per-vertido, en un sentido literal, que puede ser movilizado en diversas direcciones. Del mismo modo, como si se tratara de un efecto secundario de la misma ecuación física, cualquier energía mecánica puede transformarse en energía sexual. El trabajo y la sexualidad pertenecen así a un mismo circuito ergonómico en el que toda forma de capital puede convertirse en sexo y en el que todo trabajo sexual se vuelve capital (reproductivo). La circularidad de esta tecnología de la vida que, con Foucault, no dudaremos en denominar «sexualidad» se cierra con la garantía de la eficacidad del coito heterosexual, del proceso de generación durante el embarazo y finalmente del parto como actividad que consiste en librar al mundo el resultado de dicho trabajo de reproducción. Ésta es la tecnología de producción de los cuerpos heterosexuales que la mano masturbadora ha puesto en peligro y que habrá de ser disciplinada por un conjunto igualmente importante de tecnologías de represión.

Es preciso señalar que estas tecnologías del sexo y del género no existen aisladamente o de manera específica, sin formar parte de una biopolítica más amplia, que reúne tecnologías coloniales de producción del cuerpo-europeo-heterosexual-blanco. De este modo, el nuevo cuerpo masturbador, amenazado por una contaminación interna a sus propios límites, opera también como una metáfora fisiológica de los nuevos estatales modernos en pleno período de expansión colonial. La piel, sometida, del mismo modo que la frontera, a un proceso inmunológico de autoprotección y autodemarcación, se convierte en la superficie de registro de las nuevas estrategias de formación de los estados soberanos europeos. La misma economía de regulación energética protege al cuerpo y al estado-nación de «deplorables maniobras solitarias» que podrían convertirse en un peligro para su seguridad y su reproducción. Así por ejemplo, en Francia, durante el siglo XIX los movimientos antionanistas e higienistas interpretarán la masturbación no sólo como un problema de «morbosidad individual», sino también como una forma de patología social, representando al masturbador como un «agente contaminador» en el conjunto del cuerpo social que amenaza la supervivencia de la raza blanca autóctona. Como ha señalado Vernon A. Rosario, un deslizamiento se ha producido entre Tissot y la Restauración (1814-1830): la imagen del masturbador ha pasado de la figura de la joven que debe ser protegida de sus vicios táctiles a la imagen del masturbador adulto recalcitrante y perverso (quizás homosexual) cuyo desinterés por la reproducción de la especie podría poner en peligro el futuro de la nación.[32]

Las teorías de la masturbación de Tissot llegarán a América en el siglo XIX por medio de las obras de Benjamin Rush[33] y Edward Bliss Foote,[34] que divulgarán la teoría según la cual la masturbación impide el intercambio del «magnetismo animal» entre los sexos. Sylverster Graham y

32. Véase Vernon A. Rosario, *The Erotic Imagination: French Histories of Perversity,* Nueva York, Oxford University Press, 1997.

33. Benjamin Rush, *Inquiries and Observations upon the Diseases of the Mind,* Filadelfia, 1812.

34. Edward B. Foote, *Plain Home Talk about the Human System,* Nueva York, Wells and Co., 1871.

John Harvey Kellogg, líderes de las firmas industriales emergentes de Harinas Graham's y Cornflakes Kellogg's, van a contribuir a la aplicación de dichas teorías de la masturbación y a la fabricación de diversos aparatos antionanistas. Durante este período de industrialización, asistiremos a una producción de diversos instrumentos tecnológicos dedicados a la regulación de las prácticas domésticas, una producción de la vida ordinaria que va desde los regímenes del desayuno a los regímenes del tacto sexual, de los Cornflakes Kellogg's a los cinturones anti-masturbatorios.

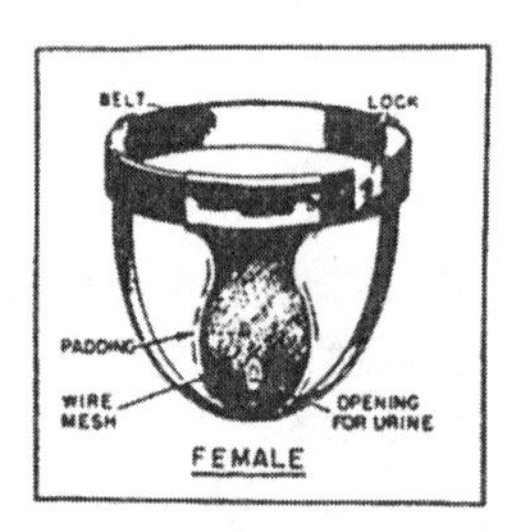

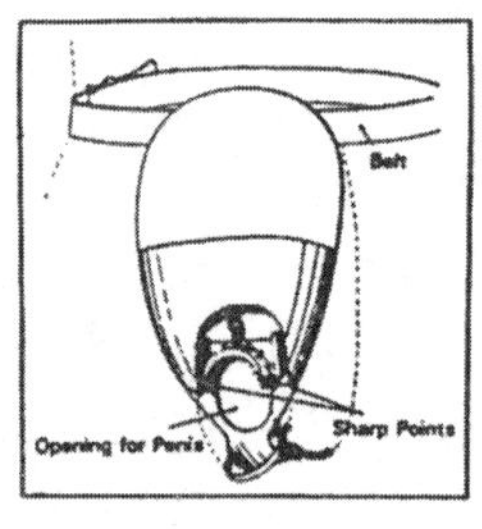

Fig.1 Ilustraciones realizadas a partir de las que acompañan las especificaciones de las patentes en el *Annual Reports* del Registro de la Propiedad Industrial de Estados Unidos: Willard F. Main, n.º 798,611 (1905) y R. A. Sonn, n.º 826,377 (1905).

Domina, durante los siglos XVIII y XIX, una patologización del tacto y un privilegio de la vista como sentido apropiado al conocimiento y la acción racional. El tacto y la piel son los dos denominadores comunes de las dos formas de «contaminación» venéreas de la época. La piel se convierte en la superficie de inscripción en la que se escriben los signos de la desviación sexual. Las pústulas cutáneas son consideradas los signos visuales comunes al vicio masturbador y a la promiscuidad sexual del sifilítico. El diagnóstico de ambas enfermedades implica reconocer antes de tocar y por tanto requiere una forma de conocimiento sin tacto. La piel parece traicionar la confidencialidad y la privacidad del nuevo cuerpo individual al actuar como un tejido que permite la visualización y la exhibición públicas, o bien como un texto que permite la lectura de los actos sexuales del individuo, de la masturbación a la histeria, de la homosexualidad a la sífilis.[35] Los signos faciales del «vicio solitario» o de la «corona veneris» operan la traducción del tacto en visión, un proceso en el que la piel actúa como *interface.*[36] De este modo, la piel burguesa europea, amenazada al mismo tiempo por el contagio sexual y por la contaminación colonial,[37] actúa como el soporte fisiológico de cierta pornocartografía que permite al ojo leer, es decir, conocer a través de una mirada descodificadora la historia sexual sin necesidad de tocar.

Un análisis fenomenológico de los objetos diseñados para evitar el contacto pone de manifiesto la aparición de un nuevo órgano sexual, la mano, que amenaza la autonomía sexual de los órganos genitales. Bullough ha identificado más de veinte instrumentos distintos cuyo diseño tendría por objeto prevenir la masturbación y que fueron registrados como «cinturones de castidad» o como «instrumentos quirúrgicos» en la American Patent Office Records entre

35. Véase Vern L. Bullough y Martha Voght, «Homosexuality and Its Confusion with the "Secret Sin" in Pre-Freudian America», en *Journal of the History of Medicine and Allied Sciences,* 28 (1973), pp. 143-155.

36. Según Sander Gilman, historiador de la medicina, debe ser la piel la que porte el estigma de la enfermedad, puesto que el tacto es el umbral mismo de la contaminación. Véase Sander L. Gilman, «Aids and Syphilis: The Iconography of Disease», en *October,* 43 (1987), MIT Press, pp. 87-108.

37. Sobre las nociones de contagio y contaminación en relación con la política colonial véase Michael Hart & Toni Negri, *Empire,* París, Exils, 2001, pp. 176-178.

1856 y 1917.[38] Entre estos aparatos encontramos guantes nocturnos para evitar el tacto genital, hierros de cama para evitar la fricción de las sábanas contra el cuerpo, grilletes de contención que impiden la fricción de las dos piernas de la joven masturbatriz, así como toda una variedad de cinturones diseñados para evitar el tacto en la joven y la erección en el joven masturbador. Por ejemplo, se recomienda, para los muchachos, la circuncisión, la perforación de la piel del prepucio con un anillo y en casos extremos la castración parcial. En el tratamiento de la joven masturbatriz se aconseja quemar la parte interna de las nalgas cercana al sexo, e incluso, en casos severos, la cliterodectomía.

Los «cinturones femeninos» presentaban una malla de alambre perforada para impedir el tacto sin cerrar el paso de la orina. Para los varones existían aparatos similares, pero el más popular de todos era una funda dentada ajustable al pene. En caso de erección, «los dientes metálicos perforan la piel del pene transformando la erección en una experiencia dolorosa».[39] Todos estos instrumentos se ataban por la espalda, y la mayoría estaban dotados de un candado al que sólo los padres tenían acceso. Muchos de estos aparatos serán mecanizados y electrificados a partir de la comercialización de las baterías. Por ejemplo, la funda dentada para el pene se convertirá en una funda eléctrica que transmite descargas de bajo voltaje en caso de erección. Se hará popular también el uso de alarmas eléctricas que avisan en caso de erección y de «polución nocturna». A partir de 1925, la producción y la venta de dichos aparatos decae

38. Vern L. Bullough, «Technology for the prevention of "Les maladies produites par la masturbation"», *Technology and Culture,* vol. 28, n.º 4 (octubre, 1987), pp. 828-832.

39. *Ibid.,* p. 832.

en número, como resultado de una puesta en tela de juicio de las consecuencias patológicas de la masturbación.

Sin embargo, las técnicas represivas relacionadas con la contención del tacto no deben ser reducidas a dispositivos de poder que producen posiciones de sujeto, en un sentido estrictamente foucaultiano. Michel de Certeau ha subrayado que toda tecnología es un sistema de objetos, utilizadores y usos abiertos a la resistencia y al *détournement* (diversión, perversión, apropiación, queerización). David Halperin, siguiendo las intuiciones de Foucault, ha denominado *queer praxis* a esta forma de transformación de ciertas técnicas de dominación en técnicas de yo, que hoy no dudaríamos en denominar técnicas de construcción de identidad.[40]

Toda técnica que forma parte de una práctica represiva es susceptible de ser cortada e injertada en otro conjunto de prácticas, reapropiada por diferentes cuerpos e invertida en diferentes usos, dando lugar a otros placeres y otras posiciones de identidad. De hecho, hacia mediados del siglo XX, la mayoría de estas técnicas se convertirán en ritos iniciáticos y en prácticas que constituirán sexualidades alternativas en las subculturas gay, lesbiana y S&M. Por ejemplo, la perforación del prepucio con un anillo reaparecerá en la cultura gay y S&M bajo el nombre de «Prince Albert».[41] Tan sólo dos diferencias: primero, por primera vez el cuerpo, que hasta ahora era simple objeto de la práctica, deviene sujeto, es él mismo el que decide qué piercing, dónde, etc. Y en segundo lugar, mientras que en la literatura del XIX el anillo aparece como un im-

40. David Halperin, Saint Foucault, *Towards a Gay Hagiography,* Nueva York, Oxford University Press, 1995, p. 86.

41. *The SandMUtopiaNGuardian,* n.º 34, Nueva York, 1999.

pedimento de la erección, en la cultura del piercing es conocido por sus efectos de prolongación de la erección y del orgasmo.[42] Se ha efectuado, por tanto, un giro completo de los usos y de las posiciones de poder que éstos implican, en torno a lo que aparece como una misma técnica.

Por ejemplo, una revista S&M americana contemporánea dedica un número completo a las técnicas de «genitotortura», entre las que describe la electrotortura, la invasión de la uretra, el piercing genital, el alargamiento del pene, la infación escrotal y la modificación quirúrgica de los genitales. Entre las técnicas de electrotortura, por ejemplo, encontramos los llamados *violet wands,* «bastones violeta», que «aplican electricidad estática sobre la zona de los genitales, pero especialmente sobre el glande», así como diversos pulsores eléctricos comercializados bajo los nombres de Relaxacions, Walkmasters, Titilators, Cattle Prods y Stun Guns.[43] Estos aparatos sexuales pertenecen al conjunto de técnicas de la represión, tales como las alarmas eléctricas que alertan al durmiente de una posible erección o los electrodos empleados contra los jóvenes masturbadores y homosexuales durante el siglo XIX, y como veremos más adelante, tienen una afinidad tecnológica con los aparatos utilizados en la producción del orgasmo histérico por estimulación eléctrica y «titilación» mecánica del clítoris.[44]

42. Véase Stephanie Heuze, *Changer le corps,* París, La Musardine, 2000.

43. *Ibid.,* p. 8.

44. Existe una tercera línea tecnológica veterinaria, que no analizaré aquí, pero que resulta importante para el estudio de la producción diferencial de la corporalidad animal y humana. Queda aún por investigar toda una serie de tecnologías comunes a la producción de la feminidad histérica y lésbica, del cuerpo del varón afeminado, de la corporalidad negra y de la animalidad. Ciertos instrumentos de uso exclusivamente veterinario son utilizados igualmente en prácticas sexuales alternativas. Así por ejemplo, el «Cattle

Del mismo modo, las barras de sujeción de las piernas y los barrotes de la cama se han integrado en prácticas S&M contemporáneas tanto gay y lesbianas como heterosexuales. Los cinturones antimasturbatorios diseñados para evitar el acceso de la mano a los genitales sorprenden por su semejanza con los cinturones-dildo contemporáneos. El cinturón antimasturbatorio, situado en la genealogía tecnológica de los cinturones de castidad, había experimentado una transformación doble. En primer lugar, había pasado de ser un instrumento para evitar una relación heterosexual a controlar el contacto de la mano con el sexo del propio individuo. A partir del siglo XVIII, pasará de ser una armadura o un blindaje que pone los genitales al abrigo de la mano en el caso del cinturón femenino, o que castiga la erección en el caso del cinturón masculino, a ser un dispositivo que soporta un dildo, es decir, a ser puerto de sujeción de una prolongación sintética del sexo.

Todas estas técnicas (genitotortura, aparatos de restricción, cinturones-dildo) han sido extraídas de tecnologías específicas del género (de producción de la feminidad o la masculinidad heterosexual) y de la especie (de producción de la normalidad humana o de la animalidad doméstica), así como de sus prácticas y discursos médicos,

---

Prod» es una técnica híbrida que proviene de la mutilación y la castración de grandes animales domésticos, cuya electrificación data también del siglo XIX, y que encontramos hoy en la guía de prácticas sexuales alternativas del *SandMUtopiaNGuardian*. La página de presentación de estas técnicas está acompañada de instrucciones detalladas de esterilización de los instrumentos y de introducción al uso de medidas profilácticas como la utilización de guantes y máscaras, de agujas hipodérmicas, de la esterilización de los catéteres, etc. Cada ejercicio de *détournement* de una técnica implica la reapropiación de cierto discurso científico en una subcultura popular, y por tanto la interrupción y el desvío de los circuitos de producción y distribución del placer-saber.

reproductivos y morales, y han sido recontextualizadas en el interior de sistemas *queer* de relación cuerpo-objeto.

LA PRÓTESIS HISTÉRICA O LA MÁQUINA ORGÁSMICA

Si por un lado la masturbación era condenada por la Iglesia desde el Renacimiento y más tarde patologizada por la medicina a partir del siglo XVII y técnicamente reprimida mediante aparatos mecánicos y después eléctricos durante el XIX y el XX, paralelamente la histeria será definida como una «enfermedad femenina» y un conjunto igualmente numeroso de aparatos se pondrán en marcha para permitir la producción técnica de la llamada «crisis histérica». No puedo detenerme aquí para hacer un análisis histórico de la histeria y de los diferentes modelos médicos, de la melancolía a la neurastenia o de la frigidez a la ninfomanía, a través de los que será reconceptualizada. En todo caso, no existe un cambio excesivo en el tratamiento de la histeria de tiempos de Ambroise Paré, que en su *Opera ostetrico-ginecologica* (1550) propone ya el uso de un instrumento similar a un dildo que debe ser introducido en la vagina junto con una aplicación de *oleum nardum*,[45] hasta quizás el *Traité clinique et thérapeutique de l'hystérie* publicado en 1859, en el que su autor, Pierre Briquet, reclama haber encontrado el tratamiento adecuado de la histeria gracias a lo que denominará «titilación del clítoris».[46] Las primeras terapias de titilación son manua-

45. Ambroise Paré recomienda, asimismo, como terapia el matrimonio para las jóvenes damas, el galope a caballo para las mujeres maduras y las viudas y solamente el tratamiento a base de *oleum nardum* en casos extremos.

46. Pierre Briquet, *Traité clinique el thérapeutique de l'hystérie,* París, J. B. Baillière, 1859, citado por Rachel Maines, *The Technology of Orgasm,*

les, y son consideradas por los médicos largas y tediosas y no siempre recompensadas por una «crisis histérica».[47]

El vibrador aparece como instrumento terapéutico de la histeria poco después, hacia 1880, precisamente como una mecanización de este trabajo manual. Por ejemplo, el vibrador Weiss era un aparato electromecánico que procuraba masajes rítmicos tanto del clítoris y la zona pélvica como de otros músculos que eran objeto del tratamiento por vibración. John Harvey Kellogg, que, como ya hemos visto, se habría volcado en la producción industrial de aparatos antimasturbación, contribuirá también a la producción y comercialización de los primeros vibradores eléctricos en Estados Unidos.[48]

John Butler, y no su homóloga Judith, parece ser el creador del primer electrovibrador manual de uso doméstico comercializado en Estados Unidos a finales del siglo XIX. Los primeros vibradores, como el famoso Chattanooga, son excesivamente caros, pesados y de uso estrictamente profesional y por ello están restringidos a un contexto hospitalario. Por su carácter doméstico, los vibradores contemporáneos, aunque absolutamente diferentes en la forma, se sitúan en continuidad técnica y social con la máquina de Butler y no con el Chattanooga.

El diagnóstico de la histeria y la obtención del orgasmo como resultado de una «crisis histérica» eran asociados

---

Hysteria, the Vibrator and Women's Sexual Satisfaction, Baltimore, The Johns Hopkins University Press, 1999, p. 37.

47. Sobre la tecnificación de la histeria, véanse los estudios de Thomas Laqueur, *Making Sex: Body and Gender form the Greeks to Freud,* Cambridge, Harvard University Press, 1990, y de Rachel Maines, *The Technology of Orgasm, Hysteria, the Vibrator and Women's Sexual Satisfaction, op. cit.*

48. Entre estos aparatos cabe señalar la barra y la silla vibradoras, el *trunk-skaking,* el vibrador electromecánico centrífugo.

a una cierta indiferencia o reacción frígida frente al coito heterosexual que podía estar relacionada con diversas formas de desviación sexual y sobre todo con una tendencia al «lesbianismo». Por ejemplo, en 1650 Nicolaus Fontanus había señalado ya que algunas mujeres que padecían histeria podrían sufrir igualmente de «eyaculación», síntoma que, según Fontanus, ponía en peligro no sólo la salud de la histérica sino también su valor moral como mujer, puesto que «aproxima el cuerpo femenino a ciertas funciones del órgano viril». Del mismo modo que un posible lesbianismo subyace como causa en cada forma de histeria, cada tratamiento de la histeria parece incluir el riesgo de proporcionar a la histérica una forma de placer que podría conducirla al lesbianismo. Por ejemplo, Robert Taylor escribe en 1905 que la histeria no debe nunca tratarse con un dildo o algún otro «sustituto del pene», puesto que su utilización podría causar «vaginismo» y lesbianismo. Durante la segunda mitad del siglo XIX, parece ser una idea generalizada que el trabajo excesivo con la máquina de coser (recomendada a veces, recordemos, como posible cura de la histeria) podría convertir a «mujeres honestas que sufren histeria en lesbianas».[49]

Resulta urgente restringir los usos y las apropiaciones de las nuevas máquinas, especialmente en el momento en que los vibradores pasan del espacio médico a ocupar el espacio doméstico tradicionalmente reservado a las mujeres. Las máquinas pequeñas y manejables (de la máquina de coser al teléfono), diseñadas y producidas por los hombres para regular el espacio doméstico y controlar las actividades de género que tienen lugar en él (coser, cocinar, limpiar, etc.), constituyen un conjunto ambiguo de com-

49. Rachel Maines, *The Technology of Orgasm...*, *op. cit.*, p. 57.

pañeros para las mujeres. Son una suerte de tecnologías de doble filo: por una parte, tecnologías de dominación y de reinscripción de la función supuestamente natural de la mujer en la sociedad y por otra, tecnologías de resistencia en el interior del espacio privado.[50]

De este modo los dos espacios terapéuticos de la histeria son curiosamente la cama matrimonial y la mesa clínica. Dicho de otro modo, la sexualidad y el placer «femeninos» se construyen en el espacio de tensión y de encuentro de al menos dos instituciones: la institución matrimonial heterosexual, en la que las mujeres están sujetas a sus maridos, y las instituciones médicas, en las que las mujeres están sujetas a la jerarquía clínica como pacientes. Durante el siglo XIX, la institución matrimonial parece fortalecerse como un espacio de reproducción, de economía doméstica y de transmisión patrimonial, pero raramente como un espacio de placer sexual. Al menos después de 1910, las tecnologías que estaban reservadas al uso médico entran en el espacio doméstico, habitualmente a través del cortocircuito de los aparatos de higiene doméstica como la ducha, el vibrador para masaje «familiar».

Lo que conocemos bajo el nombre de «orgasmo femenino» a partir al menos del siglo XVII, no es sino el resultado paradójico del trabajo de dos tecnologías opuestas de represión de la masturbación y de producción de la «crisis histérica». El placer femenino ha sido siempre problemáti-

50. Existe todo un conjunto de técnicas hidroterapéuticas del tratamiento de la histeria, como la ducha, por ejemplo, que pasarán de las instituciones médicas al espacio doméstico y de reapropiación como técnicas de producción de placer.

co, puesto que parecía no tener una función precisa ni en las teorías biológicas ni en las doctrinas religiosas, según las cuales el objetivo de la sexualidad era la reproducción de la especie. Al mismo tiempo, la sexualidad masculina será frecuentemente descrita en términos de erección y de eyaculación y raramente en términos de orgasmo. El placer femenino era descrito como la crisis que sobreviene a una enfermedad histérica, una suerte de «paroxismo histérico» que habría de producirse en condiciones clínicas y frecuentemente con la ayuda de diversos instrumentos mecánicos y eléctricos. El orgasmo, descrito de esta manera, se reconoce como la crisis sintomática de una enfermedad exclusivamente femenina, y al mismo tiempo como el clímax terapéutico de un proceso jalonado de esfuerzos técnicos: masaje manual o con vibrador, ducha a presión... En este modelo del cuerpo, la paciente, que se muestra indiferente a las técnicas del coito heterosexual, es descrita como «carente de energía sexual», energía que la máquina vibradora vendrá a complementar. Por otro lado, en la lógica represiva de la patologización de la masturbación, el orgasmo es descrito como un «derroche innecesario», como una pérdida fútil de energía corporal que debería dedicarse al trabajo de producción o de reproducción sexual, y al mismo tiempo como un residuo contaminante y potencialmente portador de enfermedad.

Así, el orgasmo aparece como el punto más privado, el más ciegamente unido al cuerpo individual, y al mismo tiempo como el resorte más político en el que se cruzan los dos brazos de una misma tecnología biopolítica. De una parte, la optimización de las capacidades del cuerpo, de su rendimiento, el incremento paralelo de su utilidad y de su docilidad, su integración en sistemas de control eficientes y económicos; de otra, el establecimiento de los mecanismos de la sexualidad, que sirven como base de los procesos biológicos de la reproducción heterosexual.[51]

El orgasmo reside en el espacio de intersección de dos lógicas opuestas. Al mismo tiempo enfermedad y cura, derroche y exceso. Al mismo tiempo veneno y remedio. El orgasmo es a la sexualidad lo que, en la lectura de Platón de Derrida, la escritura es a la verdad:[52] *pharmakon.* Vicio y exceso contra el que es preciso luchar con instrumentos de represión, y al mismo tiempo curación que sólo puede conseguirse mediante la aplicación estricta de instrumentos mecánicos y eléctricos. En el cuerpo de la joven masturbatriz, la repetición compulsiva del orgasmo representa un gasto excesivo de energía que, se dice, produce la debilidad e incluso la muerte. Por el contrario, en el cuerpo de la joven histérica o de la viuda solitaria, el orgasmo sólo llega con la ayuda de la vibración, como una suerte de descarga eléctrica de la que más la máquina que la mujer parece ser sujeto. En el caso del delirio masturbador, el orgasmo se asemeja a una fuerza animal, un instinto primitivo que debe ser de algún modo domesticado y disciplinado a través de un régimen severo de autobservación y de autocontrol. Sin embargo, frente al cuerpo de la histérica, el vibrador está diseñado para producir el paroxismo histérico con una precisión científica. El orgasmo es, de este modo y simultáneamente, locura que debe ser reprimida por la fuerza y el resultado transparente del trabajo de las técnicas mecánicas. El placer masturbador, como un subproducto, un residuo de una ruptura del equilibrio ener-

51. Véase Michel Foucault, *Historia de la sexualidad,* vol. 1, México, Siglo XXI, 1977.

52. Véase Jacques Derrida, «La Pharmacie de Platon», en *La Dissémination,* París, Seuil, 1972 (traducción al castellano: *La diseminación,* Madrid, Fundamentos, 1975).

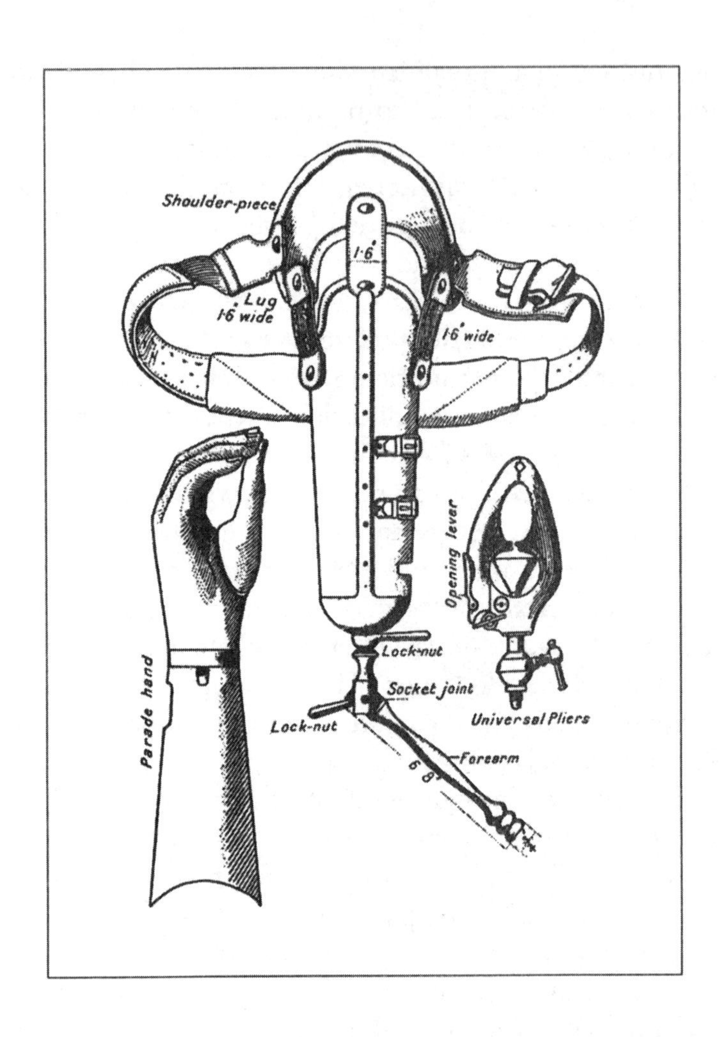

gético del cuerpo, anuncia ya como síntoma la presencia de una enfermedad futura, sea la locura o la sífilis. En el caso de la mujer que yace en la mesa clínica bajo el trabajo del vibrador, el orgasmo no procede de la energía interior del cuerpo femenino, sino más bien de la adaptación, de la puesta en sintonía del cuerpo y de la máquina, es decir, de la reducción del placer a su respuesta puramente mecánica. Es la máquina la que tiene un orgasmo. No hay, por tanto, ni responsabilidad sexual ni verdadero sujeto del placer. En ambos casos un rasgo común subyace a estos dos regímenes de producción del placer, el orgasmo no pertenece al cuerpo que «llega».

Situado en el límite entre el cuerpo y el objeto inanimado, el dildo ocupa una posición semejante a la del cinturón antimasturbador o la de la máquina vibradora. Pero si bien el dildo parece estar relacionado con ambas tecnologías de represión y producción del placer, entrecruza una tercera tecnología: la derivada de los implantes prostéticos. Para entender el dildo como objeto es preciso analizar la evolución de la prótesis durante el siglo XX. Curiosamente, el período de explosión de la fabricación de los vibradores, a partir de principios de siglo, coincide con el momento en el que la medicina comienza a desarrollar numerosas prótesis, especialmente después de la Primera Guerra Mundial.

La reconstrucción prostética del cuerpo masculino marca el paso de una economía de guerra a una economía de trabajo. La prótesis efectúa la transición entre el soldado y el nuevo trabajador industrial de posguerra. En este proceso, es la prótesis de la mano, y no la prótesis del pene, la que resulta central en la reconstrucción de la masculinidad. En Francia, Jules Amar, director del laboratorio militar de prótesis de trabajo, se encarga del seguimiento profesional y médico de los soldados amputados.[53] Sus investigaciones en torno a la fabricación de la mano prostética van a conducirle a diseñar y producir miembros artificiales cada vez

53. Jules Amar, *Organisation physiologique du travail,* París, Dunod et Pinot, 1917.

más alejados de la anatomía de la mano, evolucionando hacia una prótesis funcional y no mimética. Por ejemplo, la prótesis que Jules Amar denominará «el brazo trabajador» estaba constituida como una prótesis básica dotada de varias terminales que van desde la «mano en reposo», imitación de una mano, hasta la «pinza universal», sin parecido alguno a una mano natural. Si el diseño de la mano en reposo responde a criterios estéticos y miméticos, las otras terminaciones responden a criterios de eficacia en el trabajo en cadena. Las manos prostéticas servían, por tanto, no solamente a la reconstrucción del cuerpo «natural», sino que permitían al cuerpo masculino ser incorporado por la máquina en tanto que instrumento o terminal-humano.

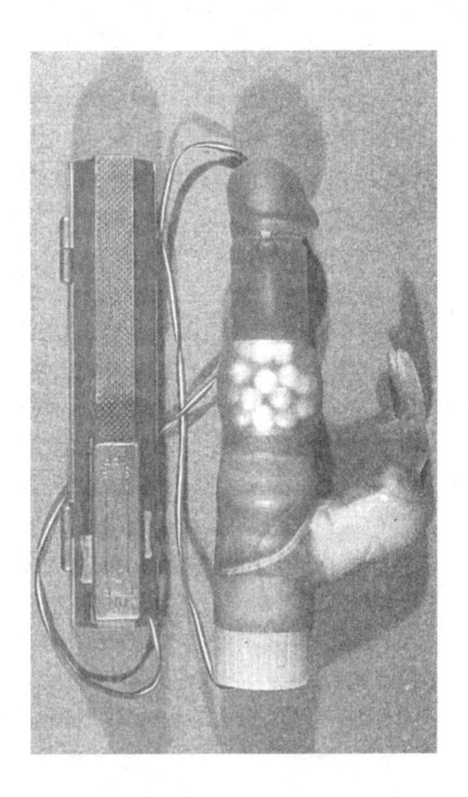

De manera similar, podemos decir que el dildo vibrador, cuyo diseño y comercialización estuvieron influenciados por el movimiento feminista americano de los años sesenta y setenta, ha evolucionado como una prótesis compleja de la mano lesbiana, más que como una imitación del pene. Para convencerse basta echar un vistazo al dildo Pisces Pearl, uno de los bestseller de Good Vibrations[54] and SH! (dos sex-shops dedicados exclusivamente a mujeres). El PP está relacionado, al mismo tiempo, con las tecnologías de la vibración y de la producción de la «crisis histérica» y con las técnicas prostéticas del dildo «mimético» (la llamada «polla de plástico»). La electrificación y la mecanización van a procurar a la mano masturbatriz la eficacia que le había sido retirada por medio de las tecnologías de represión del onanismo. La mano masturbatriz y el vibrador de la histérica operan ambos como verdaderos «interruptores» externos con respecto al circuito sexual reconectando los órganos genitales u órganos y objetos no genitales e incluso inorgánicos. Desatan la producción del orgasmo fuera de un contexto terapéutico y fuera de la relación heterosexual. El dildo vibrador es un híbrido de la mano[55] y del vibrador decimonónico, como muestra la imagen de Michel Rosen en la que se ve a una persona masturbando a su propio dildo con un vibrador.[56] Utilizado como una prolongación vibrante del cuerpo, se aleja del modelo normativo del pene y se aproxima a una terce-

54. Good Vibrations, con sede en San Francisco desde 1977, es el primer sex-shop femenino y de voluntad feminista.

55. No olvidemos la importancia de la mano en el discurso antropológico como un útil de trabajo y por tanto indicador de la diferencia específica animal/hombre, y de género femenino/masculino.

56. Michel A. Rosen, «Molly, 1993», *Sexual Art, Photographs that Test the Limits,* San Francisco, Shaynew Press, 1994.

ra mano dotada de precisión vibradora. Lejos de limitarse a un efecto psicológico o fantasmático o a una sola práctica, este órgano sexual sintético abre posibilidades inéditas de incorporación y descontextualización.

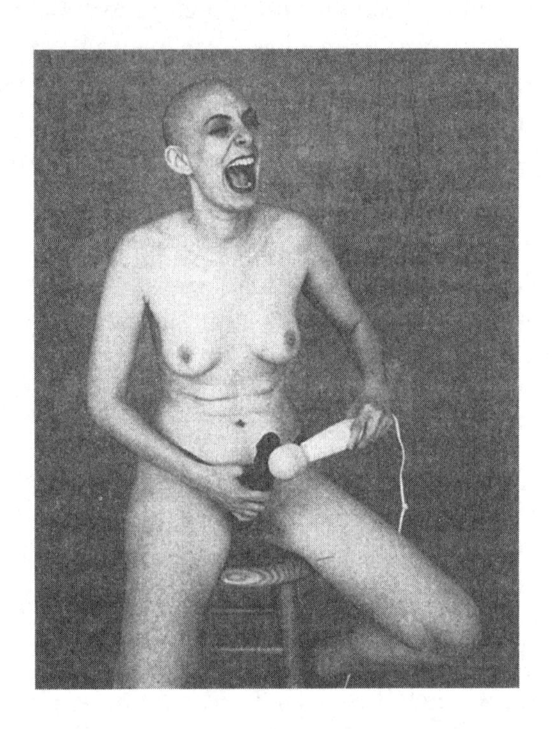

Desde un punto de vista *queer,* haría falta establecer una narración de la historia sintética de la sexualidad, en la que tendríamos por un lado el *speculum* y el pene, y por otro la mano y el dildo. De la misma manera que el *speculum* ha sido el instrumento por excelencia de observación y representación del cuerpo de las mujeres en el espacio médico, el pene ha sido el único órgano al que le había sido concedido el privilegio de la penetración en el lecho conyugal. En un sentido foucaultiano, el *speculum* y el pene funcionaban como verdaderos dispositivos al servicio de las tecnologías del biopoder, en cuyo centro se hallaba el cuerpo femenino heterosexual. Con respecto a esta tecnología biopolítica, la mano y el dildo, lejos de ser imitaciones falocéntricas, abren más bien líneas de fuga. El dildo vibrador es, en este sentido, una extensión sintética de la mano masturbatriz/lesbiana que ha conocido el guante y la cadena, pero también de la mano lesbiana/masturbatriz que ha conocido el tacto y la penetración. Por último, el cinturón-dildo podría considerarse un órgano sexual sintético, al mismo tiempo mano injertada en el tronco y extensión plástica del clítoris.

«MONEY MAKES SEX» O LA INDUSTRIALIZACIÓN DE LOS SEXOS

LA VAGINA DE ADÁN

Desde cuando menos los años setenta, la tecnología médica se felicita de poder crear Eva a partir de Adán, o mejor, Marilyn a partir de Elvis, pero lo contrario aparentemente no funciona. Las actuales técnicas quirúrgicas practicadas con escasas excepciones[57] en los hospitales de Europa son incapaces de construir un pene de apariencia «normal» y «funcional». En la literatura médica, la faloplastia (la construcción quirúrgica del pene) se presenta como el resultado de un mínimo de cuatro intervenciones quirúrgicas más o menos complejas: sutura de los labios vaginales; obtención de tejidos de la piel, la pierna y/o el vientre a partir de los que se fabricará el injerto de pene; obtención de una vena –frecuentemente de la pierna–, e injerto del pene. A pesar del riesgo que esta serie de operaciones entraña (pérdida de la motricidad del brazo o la pierna, por ejemplo), hasta ahora los equipos encargados

57. Véase *Le Transsexualisme en Europe,* Estrasburgo, Commission Internationale de l'État Civil, CIEC, 2000.

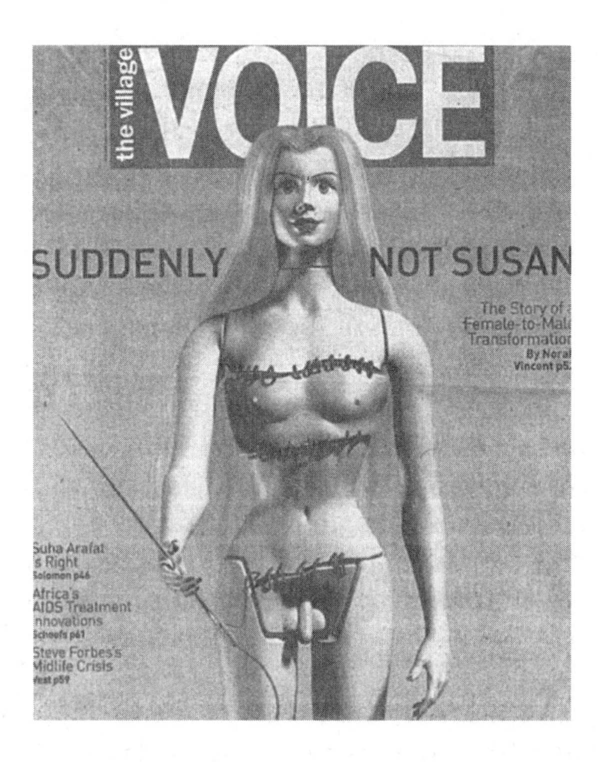

de la cirugía transexual se contentaban con una operación que ofrecía «resultados cosméticos muy mediocres», afirmando que un transexual debería conformarse con el sexo que desea, incluso si éste es de apariencia «grotesca».[58]

En cambio, desde finales de los años ochenta, existen diversas técnicas quirúrgicas que permiten construir «órganos genitales femeninos» sin que sea posible distinguirlos de los órganos que llamamos «normales». Pero si atendemos al plano estrictamente discursivo de las prácticas médicas, veremos que la medicina no habla de construcción de la vagina, sino más exactamente de la posibilidad de

58. Véase Marjorie Garber, *Vested Interests. Cross-dressing and Cultural Anxiety*, Nueva York, Routledge, 1992, p. 329.

transformar («invaginar») un pene en una vagina. Como si el pene tuviera naturalmente la posibilidad de «devenir vagina» por declinar la célebre fórmula de Deleuze.[59]

Tomaré aquí como ejemplo la técnica vaginoplástica que la clínica de cirugía estética St. Joseph de Montreal, reputada por la calidad de sus cirugías estéticas, propone en su folleto publicitario. Se describe como una técnica simple de «inversión de la piel del pene» que consiste en vaciar el cuerpo cavernoso del pene, para después invertir el tejido «fálico» hasta formar una vagina. Primera etapa: se realiza una incisión en la piel del pene y de los testículos, de tal manera que se puedan recuperar los tejidos para construir las paredes posteriores de la vagina. Segunda etapa, todavía hoy denominada «castración»: se extirpan los testículos, se realiza una incisión en la parte superior del pene, para así hacer que la piel se deslice hacia abajo. El cirujano prepara con el dedo un espacio para la vagina entre la vejiga y el recto. Tercera etapa: se construye el clítoris a partir del cuerpo cavernoso, esperando (si hay suerte) recuperar un máximo de superficie de excitación. Un catéter urinario se coloca en la vejiga. Se da la vuelta a la piel del pene y se la empuja hacia el interior. Se completa si es necesario con un injerto de la piel del escroto. Cuarta etapa: se coloca un molde que tiene la forma de un pene en el lugar reservado a la vagina.

Si este proceso se ejecuta como una invaginación del pene es porque, en el discurso médico heterosexual, la masculinidad contiene en sí misma la posibilidad de la feminidad como inversión. La coexistencia potencial de los dos sexos en el interior del pene prueba que es un modelo hermafrodita original el que fundamenta la sexualidad

59. Me refiero aquí al «devenir mujer».

masculina heterosexual y, consecuentemente, por derivación, la sexualidad masculina homosexual. En lo que habría que llamar la mitología heterosexual de la diferencia sexual, el hombre, el macho, no pertenece a la familia del animal vivíparo (que necesita un útero para reproducirse), sino que establece una filiación hermafrodita secreta con el orden vegetal y animal inferior. De hecho, las técnicas de producción de la masculinidad y de la feminidad están trucadas: la masculinidad se realiza según un modelo hermafrodita que permite el paso «natural» del pene a la vagina, mientras que la feminidad obedece a un modelo de producción del sexo irreversible, un modelo prostético, en el que un trozo de brazo o de pierna puede ser transformado en pene.

La especificidad del modelo hermafrodita de la masculinidad reside, pues, en la supresión del útero con fines reproductivos. Los machos pertenecen a la raza subterránea de los caracoles, las sanguijuelas, las lombrices. Su sexo es aparentemente «normal», es decir, absolutamente diferenciado del otro sexo (lo que la biología denominará «gonádico»), pero aun así entraña una fisiología doble que ya contiene en germen los órganos sexuales de la hembra. Paradójicamente, por lo tanto, para producir sexos separados «gonádicos» hubo que pasar por el modelo hermafrodita. Empleo el término «gonádico» a propósito, pues ya va siendo hora de señalar la artificialidad y el lado extraño de la construcción de la normalidad según el discurso médico. Cuando se emplea el término «normal» para designar todo aquello que no es hermafrodita, intersexual, podría decirse también «gonádico». La fabricación de la heterosexualidad depende del éxito de la construcción de estos sexos gonádicos, binarios, diferenciados.

En resumen, si atendemos a las tecnologías utilizadas en la cirugía transexual, no es necesario construir una vagina: basta con encontrar la vagina que ya está en el interior del pene. Un pene puede «devenir vagina». Pero de acuerdo con la misma tecnología que produce la diferencia sexual, una vagina no puede devenir pene. ¿Cuál es la razón de esta asimetría tecnológica? ¿Cuáles son los procesos de reversibilidad y de irreversibilidad gracias a los cuales se construye la diferencia sexual? ¿Cuál es la relación constitutiva que existe entre masculinidad, heterosexualidad y hermafroditismo?

Un análisis detallado de las técnicas médicas implicadas cn la asignación del sexo, es decir, relacionadas con la toma de decisión que permite afirmar que un cuerpo es varón o hembra, revela, mejor que ningún otro discurso los modelos de construcción del género según los cuales opera la tecnología (hetero)sexual: el tratamiento reservado por la medicina a los llamados bebés «intersexuales» (descritos como cuerpos que presentan «características» de los dos sexos o que eventualmente podrían presentar una evolución hacia el sexo opuesto al sexo aparente), las tecnologías utilizadas en la determinación del sexo, la etiología prenatal, la amniocentesis, la ecografía, la citología, el análisis cromosómico, la evaluación hormonal (y la prescripción de gonadotrofina, esteroides, etc.), los exámenes genitales (de la palpación a la radiografía), así como el conjunto de procedimientos quirúrgicos destinados a reducir o a erradicar toda ambigüedad sexual.

La tecnología sexual es una especie de ✂ «mesa de operaciones» ✂ abstracta[60] donde se lleva a cabo el recorte de ciertas zonas corporales como «órganos» (sexuales o

60. Tomo prestada esta formulación de Foucault, que él mismo había tomado de Raymond Roussel, y que utiliza al comienzo de *Las palabras y las cosas*.

no, reproductivos o no, perceptivos o no, etc.): la boca y el ano, por ejemplo, se designan como el punto de entrada y el punto de salida, sin los cuales el aparato digestivo no puede encontrar su coherencia como sistema; la boca y el ano raramente se designan como partes del sistema sexual/reproductivo. Sobre esta mesa de doble entrada (masculino/femenino) se define la identidad sexual, siempre y cada vez, no a partir de datos biológicos, sino con relación a un determinado a priori anatómico-político, una especie de imperativo que impone la coherencia del cuerpo como sexuado.

Detrás de la pregunta «¿es niño o niña?» se oculta un sistema diferenciado que fija el orden empírico volviendo el cuerpo inteligible gracias a la fragmentación o a la disección de los órganos; un conjunto de técnicas visuales, discursivas y quirúrgicas bien precisas que se esconden detrás del nombre «asignación de sexo». Las operaciones más conocidas bajo el nombre de cirugía de cambio de sexo y de reasignación sexual, que son popularmente estigmatizadas como casos límites o excepciones extrañas, no son sino las mesas secundarias en las que se renegocia el trabajo de recorte realizado sobre la primera ✂ mesa de operaciones ✂ abstracta por la que todos hemos pasado. La existencia misma de las operaciones de reasignación o cambio de sexo, así como los regímenes de regulación legal y médico que éstas suscitan, son la prueba de que la identidad sexual («normal») es siempre y en todo caso el producto de una tecnología biopolítica costosa.

Como si entre el primer nivel institucional de asignación sexual (médico, jurídico, familiar) y el orden socioanatómico producido por este primer nivel hubiera sido necesario crear una mesa de operaciones intermedia, donde efectuar la regulación y el recorte de los casos problemáticos, atípicos, anormales, dicho de otra manera, casos en los que el cuerpo pone en cuestión el orden heterosexual.

Invertido. Travesti. Intersexual. Transexual... Todos estos nombres hablan de los límites y de la arrogancia del discurso heterocentrado sobre el que se han asentado las instituciones médicas, jurídicas y educativas durante los dos últimos siglos. Eclipsadas tras el feminismo burgués y los movimientos de liberación homosexual, las demandas específicas de transexuales e intersexuales no se han dejado escuchar en Estados Unidos hasta 1994.[61] En Europa, a pesar de las presiones del *corpus* médico, hoy comienzan tímidamente a organizarse.

Vaginoplastia (reconstrucción quirúrgica de la vagina), faloplastia (construcción quirúrgica del pene con la ayuda de un injerto de piel proveniente de otra parte del mismo cuerpo, como el antebrazo o el muslo), agrandamiento y modificación de la forma del clítoris gracias a la administración local de testosterona, ablación de la nuez, mastectomía (ablación de los dos senos, generalmente seguida de la reconstrucción del pecho y construcción de dos pezones a partir del injerto de un solo pezón cortado), histerectomía (ablación del útero): en cuanto lugares de renegociación, las operaciones de cambio de sexo parecen resolver los «problemas» (las «discordancias» entre sexo, género y orientación sexual...). Pero, de hecho, se convierten en los escenarios visibles del trabajo de la tecnología heterosexual; hacen manifiesta la construcción tecnológica y teatral de la verdad natural de los sexos.

61. Sobre la evolución del movimiento transexual y transgénero véase Pat Califia, *Sex Changes. The Politics of Transgenderism,* San Francisco, Cleis Press, 1996.

El conjunto de estos procesos de «reasignación» no son sino el segundo recorte ✂, la segunda fragmentación del cuerpo. Ésta no es más violenta que la primera, es simplemente más *gore,* y sobre todo más cara. La interdicción de cambio de sexo y género, la violencia que entrañan a menudo estas operaciones y su elevado coste económico y social, deben comprenderse como formas políticas de censura sexual.

ESOS INTERSEXUALES... COMO TÚ Y YO

La primera fragmentación del cuerpo o asignación del sexo se lleva a cabo mediante un proceso que llamaré, siguiendo a Judith Butler, invocación performativa. Ninguno de nosotros ha escapado de esta interpelación. Antes del nacimiento, gracias a la ecografía –una tecnología célebre por ser descriptiva, pero que no es sino prescriptiva– o en el momento mismo del nacimiento, se nos ha asignado un sexo femenino o masculino. El ideal científico consiste en evitar cualquier ambigüedad haciendo coincidir, si es posible, nacimiento (quizás en el futuro, incluso fecundación) y asignación de sexo. Todos hemos pasado por esta primera mesa de operaciones performativa: «¡es una niña!» o «¡es un niño!». El nombre propio, y su carácter de moneda de cambio, harán efectiva la reiteración constante de esta interpelación performativa. Pero el proceso no se detiene ahí. Sus efectos delimitan los órganos y sus funciones, su utilización «normal» o «perversa». La interpelación no es sólo performativa. Sus efectos son prostéticos: hace cuerpos.

Este momento prostético que, insisto, tiene lugar siempre y en cada caso, aparece más claro en las operaciones de la transexualidad: una vez que la asignación de sexo se ha producido, cualquier cambio de denominación exige, literalmente, el recorte físico del cuerpo. Esta «segunda reasignación» sitúa el cuerpo en un nuevo orden de clasificación y rediseña literalmente los órganos (hemos visto ya hasta qué punto la obsesión de la cirugía es la de encontrar un órgano dentro de otro) sin dejar nada al azar, de tal manera que se produzca una segunda coherencia, que debe ser tan sistemática, es decir, tan heterosexual como la primera.

La mesa de asignación de la masculinidad y de la feminidad designa los órganos sexuales como zonas generativas de la totalidad del cuerpo, siendo los órganos no sexuales meras zonas periféricas. Es decir, a partir de un órgano sexual preciso, este marco abstracto de construcción del «humano» nos permite reconstruir la totalidad del cuerpo. Sólo como sexuado el cuerpo tiene sentido, un cuerpo sin sexo es monstruoso. Según esta lógica, a partir de un órgano periférico (la nariz, la lengua, o bien los dedos, por ejemplo) es imposible reconstruir la totalidad del cuerpo como sexuado. Así pues, los órganos sexuales no son solamente «órganos reproductores», en el sentido de que permiten la reproducción sexual de la especie, sino que son también, y sobre todo, «órganos productores» de la coherencia del cuerpo como propiamente «humano».

Los llamados cuerpos «intersexuales» comprometen el trabajo mecánico de la mesa de asignación de los sexos, minan secretamente la sintaxis según la cual la máquina sexual produce y reproduce los cuerpos. Los bebés intersexuales representan una amenaza, alteran la frontera más allá de la cual hay diferencia, y más acá de la cual hay identidad. Ponen en tela de juicio el automatismo performativo de la mesa de operaciones. Ponen de manifiesto la arbitrariedad de las categorías (identidad y diferencia, macho/hembra) y la complicidad que establece esta categorización con la heterodesignación de los cuerpos. ¿Pero dónde se encuentran y cuáles son realmente las partes genitales y generativas? ¿Cómo nombrar lo que se ve? ¿Cómo hacer un órgano a partir de un nombre?

Curiosamente las tecnologías puestas en marcha para la asignación del sexo en el caso de los niños intersexuales responden a la misma lógica que las que se utilizan en el caso de las personas transexuales. Ante una incompletitud (cuerpos sin vagina o sin pene visualmente reconocibles) o un exceso (cuerpos que combinan las características sexuales supuestamente femeninas o masculinas) la mesa de asignación del sexo va a funcionar de nuevo, pero esta vez como una verdadera ✂ mesa de operaciones ✂, por medio de implantaciones, injertos, mutilaciones que pueden sucederse hasta la adolescencia. De este modo, lo que he llamado el centro generativo de la identidad sexual se construye de manera exclusiva y excluyente: es necesario elegir, obligatoria y únicamente, entre dos variables, masculina o femenina. No es extraño que una de las narraciones más frecuentes en torno al nacimiento y asignación de sexo en el caso de un bebé intersexual sea una ficción en la que el cuerpo del bebé hermafrodita se desbobla en dos cuerpos gemelos pero de distinto sexo que se resuelve con la muerte trágica, pero tranquilizadora, de uno de ellos. *Sex making = Sex killing.* Suzanne Kessler, que ha estudiado el proceso de toma de decisión en casos en los que la asignación de sexo resulta «problemática», habla de esta narración: «Los padres de un niño hermafrodita contaban a todo el mundo que habían tenido gemelos, uno de cada género. Una vez asignado el género, difundían la noticia de que el otro niño había muerto».[62]

Los protocolos de gestión de los niños intersexuales reposan sobre la teoría desarrollada en 1955 por John Money (profesor de psicopediatría del hospital universitario Johns Hopkins de Nueva York) y por el matrimonio Hampson, y puesta en práctica poco después por el propio Money y por Ehrhardt. Curiosamente, la misma teoría que defiende la diferencia sexual como normal y natural descansa sobre una hipótesis puramente constructivista (y ello antes de que el constructivismo fuera utilizado en las argumentaciones feministas). La conclusión a la que llegaba Money en 1955 no podía ser, aparentemente, más revolucionaria: el género y la identidad sexual son modificables hasta la edad de dieciocho meses.

La teoría de asignación de sexo, producida casi completamente por Money, no suscitó ninguna reacción crítica en el seno de la comunidad científica. La única crítica emana de los estudios feministas que Suzanne Kessler llevará a cabo en 1978, así como, actualmente, del emergente movimiento intersexual americano. Como hubiéramos podido aventurar, Money es también una figura prescriptiva en materia de psicología transexual. A partir de los años cincuenta, su autoridad en materia de asignación sexual del recién nacido y de reconstrucción sexual es tal, que podemos afirmar sin equivocarnos que, al menos en los países occidentales del norte «desarrollado», «Money *makes sex*». En este sentido, los cuerpos sexuales que tene-

62. Suzanne J. Kessler, «The Medical Construction of Gender. Case Management of Intersexual Infants», en *Sex/Machine. Readings in Culture, Gender, and Technology,* Patrick D. Hopkins (ed.), Indiana, Indiana University Press, 1998, p. 42.

mos son producto de un estilo y un diseño preciso que podría llamarse «Moneysmo».

Como vamos a ver, la eficacia del modelo de Money y su éxito desde hace casi cincuenta años son el resultado de la combinación estratégica de dos lenguajes, de dos epistemologías que se utilizarán para describir el cuerpo: el análisis cromosómico y el juicio estético.

Si usted forma parte de los que piensan que la transexualidad y las operaciones de cambio de sexo son contranaturales y extraordinarias, eche un vistazo a las reglas aplicadas ordinariamente para la asignación del sexo del recién nacido en Europa y Estados Unidos.

Para jugar a médico asignador provéase antes de nada de su lista de definiciones:

XX: genéticamente femenino. Según la medicina actual, un cuerpo se considera genéticamente femenino si tiene una combinación cromosómica que posee dos cromosomas X, sin cromosomas Y.

XY: genéticamente masculino. Según la medicina actual, un cuerpo se considera genéticamente masculino si tiene una combinación cromosómica que posee al menos un cromosoma Y.

CLITOPENE: en el lenguaje de la asignación sexual, pequeño órgano que se parece a un clítoris pero que tiene el potencial de convertirse en pene.

MICROPENE: en el lenguaje de la asignación sexual, pequeño pene, pero bien formado.

MICROFALO: en el lenguaje de la asignación sexual, pequeño pene mal formado difícil de reconocer como tal pero que no debe confundirse con un clítoris.

PENE-CLÍTORIS: en el lenguaje de la asignación sexual, un gran clítoris que no debe confundirse con un pene pequeño.

Los cuerpos que se presentan ante una exploración visual como «intersexuales» son sometidos a una larga serie de operaciones genitales que duran hasta el momento de la preadolescencia. Según el modelo Money, si el recién nacido intersexual, después del análisis cromosómico, se considera genéticamente femenino (XX), la cirugía interviene para suprimir los tejidos genitales que podrían confundirse con un pene. La reconstrucción de la vulva (junto con la reducción del clítoris) comienza generalmente a los tres meses. Si el órgano visible se parece a lo que la terminología médica llama un pene-clítoris, esta operación implica, en la mayoría de los casos, la mutilación del clítoris.

Más tarde, la reconstrucción se completa con una operación de formación del «canal vaginal», heterosexualmente definido, es decir, la abertura de un orificio que será capaz de recibir en el futuro un pene durante el coito. En los casos en los que el «canal vaginal» (es decir, lo que se considera el canal susceptible de recibir un pene) no se encuentra lejos de su lugar habitual, la vaginoplastia (similar a la practicada en los transexuales) se realiza entre la edad de uno y cuatro años. Generalmente, el canal vaginal se fija de modo definitivo cuando el crecimiento finaliza, después de la «feminización» del cuerpo púber, hormonalmente provocada con ayuda de estrógenos.[63]

63. *Ibid.*, p. 244.

Los procesos de construcción del canal vaginal en las niñas intersexuales no están simplemente destinados a la producción de un órgano. Se dirigen sobre todo a la prescripción de las prácticas sexuales, puesto que se define como vagina única y exclusivamente aquel orificio que puede recibir un pene adulto. Evidentemente Money no había pensado que algunas de estas niñas intersexuales serían bollos y reclamarían más adelante el uso alternativo de sus órganos. La violencia y la carga prescriptiva de las operaciones de asignación de sexo permiten poner en perspectiva la mítica afirmación de Monique Wittig, «las lesbianas no tienen vagina». Lo que esta frase aparentemente incoherente implica es que, dada la relación causa-efecto que lía los órganos y las prácticas sexuales en nuestras sociedades heteronormativas, la transformación radical de las actividades sexuales de un cuerpo implica de algún modo la mutación del órgano y la producción de un nuevo orden anatómico-político. El nuevo movimiento intersexual reclama hoy precisamente el derecho a este vivir y a follar en un orden anatómico-político distinto del heteronormativo.

Veamos ahora un caso de asignación masculina. Si el recién nacido intersexual dispone de una configuración cromosómica que posee al menos un cromosoma Y será considerado genéticamente masculino. En este caso, el problema consiste en saber si el llamado «tejido fálico» es susceptible o no de reaccionar positivamente a un tratamiento hormonal a base de andrógenos que aumente el tamaño del microfalo o del micropene. Pero el cuerpo del bebé se enfrenta a un juicio visual que relegará los análisis cromosómicos al rango de verdades secundarias. Los criterios de «longitud», de «tamaño» y de «apariencia normal» de los genitales sustituirán a los criterios que rigen las pruebas cromosómicas.

Estos procedimientos médicos esperan poder restituir un supuesto momento original de reconocimiento en el que la nominación del cuerpo como masculino o femenino coincide con la primera imagen que de él nos hacemos, bien sea mediante una visualización intrauterina (ecográfica) o extrauterina (en el momento del nacimiento). La cirugía pediátrica viene en realidad a resolver las contradicciones que surgen entre dos órdenes de verdad: las combinaciones cromosómicas y la apariencia del tejido genital. Pero la regla de ordenación del cuerpo intersexual es fundamentalmente visual y no cromosómica. Como si los ojos fueran finalmente los encargados de establecer la verdad del género verificando la correspondencia entre los órganos anatómicos y un orden sexual ideal binario. Dicho de otro modo, no somos capaces de visualizar un cuerpo fuera de un sistema de representación sexual heterocentrado.

En todo caso, estos procedimientos de asignación sexual aseguran la inclusión de todo cuerpo en uno de los dos sexos/géneros en un marco oposicional excluyente. La presencia de opuestos incompatibles en el cuerpo del recién nacido intersexual se interpreta como una anomalía, incluso como una fijación en la evolución del feto que, en su desarrollo, pasa por un momento de indiferenciación del tejido genital. Para Money, Green y Ehrhardt la intersexualidad es, o bien un caso de regresión, o bien un caso de evolución patológica del feto. Pero en ningún caso Money admite que estas ambigüedades anatómicas puedan poner en tela de juicio la estabilidad del orden sexual. No constituyen un tercer sexo, o mejor, un n+1 sexo. Al contrario, refuerzan la estabilidad del orden sexual. Los órganos intersexuales son descritos como «malos», «subdesarrollados», «malformados», «inacabados», es decir, en ningún caso como verdaderos órganos, sino como excepciones patológicas que vienen para confirmar la normalidad. Como el genio maligno de Descartes, los órganos sexuales malformados engañan, ponen trampas a la percepción y generan un juicio erróneo sobre los géneros. Sólo la tecnología médica (lingüística, quirúrgica u hormonal) puede reintegrar los órganos al orden de la percepción, haciéndolos corresponder (como masculinos o femeninos) con la verdad de la mirada, de manera que muestren (en lugar de ocultar con malignidad) la verdad del sexo. En realidad, la normalidad estética y funcional de los órganos sexuales es el resultado de la aplicación sistemática de estos criterios arbitrarios de selección.

Según Kessler, los criterios de asignación del sexo no son científicos sino estéticos, porque la visión y la representación juegan el papel de creadores de verdad en el proceso de la asignación del sexo. La visión hace la diferencia sexual. En el caso del cambio de sexo, las transformaciones impuestas a las personas transexuales se rigen por los mismos criterios estéticos (de hecho muchas de las faloplastias y vaginoplastias se llevan a cabo en centros de cirugía estética). Sólo recientemente, y ante la presión de las asociaciones transexuales, intersexuales y transgénero, estos criterios estéticos han sido cuestionados. Así por ejemplo, hoy sabemos que la mayoría de los transexuales F2M, de mujer a hombre, cuando tienen las condiciones adecuadas para poder elegir, deciden hacerse una metidioplastia (es decir, el agrandamiento del clítoris hasta cuatro centímetros) en lugar de correr el riesgo de una faloplastia. También sabemos hoy que, contra las predicciones médicas que esperan reconducir hacia la heterosexualidad a los gays y lesbianas por medio de operaciones transexuales, muchos transexuales F2M viven como gays después de la operación y muchas transexuales M2F vivirán su vida de mujer como lesbianas.

Desde un punto de vista contrasexual, criterio científico y criterio estético trabajan al unísono en materia de reasignación del sexo a partir del momento en que dependen de un único orden político-visual: cualquier cuerpo sin partes genitales externas suficientemente desarrolladas, o que no puedan reconocerse visualmente como pene, será sancionado e identificado como femenino.

Tal y como muestran los casos de reasignación hacia el género femenino de los recién nacidos genéticamente «masculinos» sin pene o dotados de un pene excesivamente pequeño, la verdad del sexo se decide en función de la adecuación a criterios heterosociales normativos, según los cuales la producción de un «individuo incapaz de tener relaciones heterosexuales genitales»[64] es, según Money, el peor error que podría cometerse en materia de asignación y de reasignación de sexo.

El trabajo de asignación del sexo de los recién nacidos intersexuales comienza por un proceso de sexualización/denominación: un órgano recibe el nombre de dito-pene, pene-clítoris, microfalo o micropene no en función de la descripción de los órganos existentes, sino en función del sexo que se quiere fabricar. El nombre de un órgano siempre tiene valor prescriptivo.

Si el recién nacido es cromosómicamente XY, es decir, se considera genéticamente «varón», su tejido genital se denominará microfalo o micropene o incluso clito-pene, de forma que señale su potencial de «devenir pene». En este caso, todas las evaluaciones médicas servirán para saber si los órganos sexuales tienen o pueden adquirir la

64. Citado por Suzanne J. Kessler, *Sex/Machine, op. cit.*, p. 252.

apariencia de un pene de talla normal y que podrá llegar a tener erecciones (independientemente de su habilidad reproductiva).

Si el recién nacido reacciona positivamente a la prueba hormonal –su órgano crece– se utilizará un tratamiento local a base de testosterona para que se desarrolle un pequeño pene. Si el recién nacido XY permanece insensible a la terapia hormonal, ello constituirá una contradicción imposible para el discurso médico: estamos ante un bebé genéticamente masculino pero sin pene o, mejor aún, «sin suficiente pene» (un pene que mide menos de dos centímetros después del tratamiento hormonal). Admitir esta contradicción significaría que la coherencia del cuerpo sexuado y, por tanto, de la identidad sexual puede alcanzarse sin un centro generativo (sexo = órgano sexual), o bien que existe un orden sexual ajeno a la coherencia de los órganos.

Por ello, Money y sus colegas pensaron que era mucho más prudente evitar las eventuales «crisis de identidad» que podría plantear el micropene o el pene de pequeño tamaño en un niño «varón» reasignando la mayor parte de estos recién nacidos al género femenino. En este caso, el microfalo se define como pene-clítoris, que será posteriormente seccionado y transformado mediante una vaginoplastia completa. Para Money, pues, «lo masculino» no está definido por un criterio genético (poseer un cromosoma Y y uno X) o por la producción de esperma, sino por un criterio estético, el hecho de tener una protuberancia pelviana «del tamaño apropiado». Como resultado de esta política del centímetro, en ausencia de un pene bien formado y del tamaño mínimo exigible, la mayor parte de los bebés intersexuales XX o XY son asignados al género femenino.

Solamente cuando el recién nacido es XX y presenta

un pene de tamaño normal y bien formado la medicina parece considerar la posibilidad de una reasignación hacia el sexo masculino. Según Money, la «castración» de un pene «normal» es difícil de explicar a los padres, y «la masculinización de las estructuras del cerebro en el estado fetal predispone invariablemente al bebé a desarrollar un comportamiento de niño, incluso si se le educa como a una niña».[65] Quizás de lo que habla Money es de la dificultad de explicar a papá y mamá que el cuerpecillo que duerme en su cuna es una *baby bollera* en potencia. Persuadido de la necesidad de no darle ningún beneficio a la duda, Money confiará en la capacidad del pene para provocar una identidad masculina, incluso si se trata de un cuerpo cromosómicamente femenino.

Podemos decir que el caso de los bebés intersexuales moviliza cuatro tecnologías. En un nivel epistemológico, «los intersexuales» oponen (y hacen trabajar al mismo tiempo) una tecnología genética esencialista y una tecnología quirúrgica constructivista. En un nivel institucional, oponen (y ponen a colaborar) las tecnologías de transformación y las tecnologías de fijación o de repetición de los sexos. Las primeras pertenecen al espacio del hospital, y son la condición de posibilidad de la producción de los cuerpos sexuales que denominamos normales (entre otras tantas tecnologías que propician el paso de la enfermedad a la salud, de la monstruosidad a la normalidad). Las segundas, que incluyen instituciones públicas y privadas, como la escuela o la familia, garantizan la constancia del trabajo de sexualización y «genderización».

65. *Ibid.*, p. 251.

Debido a la tensión que existe entre estas tecnologías que a veces se oponen y otras se complementan, el factor tiempo es crucial en materia de asignación sexual. El hecho de que el sexo/género pueda asignarse relativamente tarde, es decir, que pueda existir un lapso de tiempo entre el nacimiento y la asignación, revela suficientemente el carácter contingente de las decisiones y las elecciones que entran en juego en las tecnologías de producción de la verdad del sexo. Así por ejemplo, las instituciones y el discurso médico sufren la presión de la «fecha límite» en materia de asignación de sexo, ya que las instituciones domésticas y escolares no pueden hacer su trabajo mecánico y reproductivo de resexualización y de regenerización de un cuerpo intersexuado. Los padres, por otro lado, no son los últimos en exigir a los médicos que determinen rápidamente el sexo de su bebé, a pesar de las ambigüedades morfológicas o cromosómicas. Como señala un médico que confiesa a Kessler la presión que ejerce la familia en el proceso de asignación de sexo: «los padres necesitan volver a casa para desempeñar su tarea de padres y para educar a su hijo sabiendo claramente si están ante una niña o ante un niño».[66] Hoy, por primera vez, se hace necesario repensar qué sería de una paternidad que no necesitase del sexo para establecer lazos de filiación y educación.

Si Money afirma que la identidad sexo/género es modificable hasta los dieciocho meses aproximadamente (aunque los tratamientos hormonales y quirúrgicos prosigan incluso después de la pubertad) no es porque no exista la posibilidad de cambio después de esta edad (como lo prueban suficientemente las operaciones de cambio de sexo y de reasignación en las personas transexuales), sino porque el

66. *Ibid.*, p. 244.

discurso médico no puede hacer frente a las consecuencias políticas y sociales de la ambigüedad o de la fluidez sexual más allá de la tierna infancia. Por ello, según Money, el sexo debe asignarse lo más pronto posible, lo que a menudo quiere decir inmediatamente, a primera vista. Y eso, de manera decisiva e irreversible.

El desarrollo de la cirugía estética y de la endocrinología, la construcción técnica de la feminidad tanto en el caso de la transexualidad como en la sobresexualización de mujeres siliconadas, el desarrollo de técnicas de reproducción *in vitro,* así como el hecho de imponer la apariencia y el tamaño del pene como criterio para la asignación del sexo en la primera infancia son algunos de los elementos que me han llevado a identificar un cambio en el sistema sexo/género a partir de los años cincuenta y a esbozar dos modelos de producción del sexo. El primero se funda en la división del trabajo sexual y del trabajo reproductivo y corresponde a un período de capitalismo industrial. Este modelo, que data del siglo XVIII, identifica el sexo con la reproducción sexual y está fundamentalmente con el útero. El segundo modelo, correspondiente al capitalismo posindustrial, se caracteriza por la estabilidad del pene como significante sexual, por la pluralidad de las performances de género y por la proliferación de las identidades sexuales que coexisten con el imperialismo y la globalización del pene. Este modelo, que rige, por ejemplo, la representación de la sexualidad en la pornografía heterosexual, identifica el sexo con la apariencia de los órganos sexuales, está especialmente con el pene, y con su funcionamiento óptimo. Éste es el orden de la Viagra y del orgasmo a cualquier precio. Estos dos modelos producen dos sueños paranoicos generados por el orden heterocentrado. Dos utopías/distopías que son sin embargo la expresión de la fundación estructural del sistema: la «familia matriarcal» y el gueto «homosocial» masculino. Es importante subrayar que aunque estos dos modelos hayan hecho su aparición en épocas diferentes, en nuestros días no se excluyen mutuamente, sino que se superponen.

En el siglo XIX, la presencia o la ausencia de ovarios era el criterio fundamental del discurso médico para asignar el sexo en los casos calificados por la época de hermafroditismo. En esta economía de los órganos, el orden sexo/género refleja la división del trabajo reproductivo. Cualquier cuerpo, con o sin pene, se asignará como femenino si es susceptible de embarazo y parto. El modelo sexo = reproducción sexual = útero produce la utopía/distopía de la «familia matriarcal»: un paraíso de la reproducción donde la presencia del hombre se reduce a la circulación y el intercambio de esperma, y que idealmente tiende a la transmisión de material genético de una mujer a otra, generando un útero global donde las madres reproductoras trabajan sin cesar.

Como sugiere el estudio de los protocolos Money, a partir de los años cincuenta, la asignación al género femenino es siempre una posibilidad para los cuerpos genéticamente machos o hembras, mientras que la asignación al sexo masculino se reserva para los cuerpos que presentan cromosomas XY o XX, con penes de apariencia normal. El modelo sexo = performance sexual = pene produce la utopía/distopía del gueto homosocial masculino: un paraíso sexual de penes erectos. Esta utopía/distopía es la fundación/fobia de las sociedades fuertemente homosociales, en las que el capitalismo posindustrial parece prometer la transformación de cualquier valor económico en $pene y viceversa (→ véase: *la lógica del dildo*).

En este segundo modelo, el discurso médico administra la (re)asignación del sexo en función de, llamaré, el «tabú del dildo». La regla de oro de la asignación de sexo según Money deja bien clara la interdicción que estructura dicho tabú: «Nunca asigne a un recién nacido el género masculino, no lo eduque como niño, ni le aplique una terapia hormonal o quirúrgica en cuanto niño si la estructura fálica en el nacimiento no tiene al menos el mismo tamaño que en los niños de la misma edad.»[67]

El tabú del dildo consiste en prohibir que un cuerpo femenino pueda tener un clítoris o alguna otra parte genital externa que visualmente pueda pasar por una especie de «pene». Dicho de otro modo, el tabú del dildo, en la asignación como en el cambio del sexo, viene a prohibir la construcción tecnológica de un pene. La asimetría que existe en la construcción social de los géneros se vuelve a encontrar en las tecnologías médicas de construcción y de cambio de sexo. Razón por la cual es posible afirmar que en los discursos médicos y legales contemporáneos el pene adquiere un carácter quasitrascendental, situándose más allá de todos los artificios, como si fuera la única Naturaleza. Es precisamente en este reino de la naturalidad del pene donde el dildo irrumpe como «un espectro viviente».

67. John Money, «Psychological Counselling: Hermaphroditism», en *Endocrine and Genetic Diseases of Childhood and Adolescence,* Gardner L. I. (ed.), Filadelfia, Saunders, 1975, p. 610.

TECNOLOGÍAS DEL SEXO

Decir que el sexo es tecnológico puede parecer contradictorio, incluso insostenible. Una definición del sexo que ignorase la oposición que se hace tradicionalmente entre tecnología y naturaleza ¿no corre el riesgo de parecer incoherente? La alta tecnología se presenta siempre como nueva, en perpetua mejora, más rápida, siempre sujeta al cambio, y aparece por tanto como el motor mismo de la historia y del tiempo. El sistema sexo/género, al contrario, aun cuando su carácter histórico no natural y construido haya sido puesto ampliamente en evidencia durante los años ochenta y noventa, sigue describiéndose como un marco más bien estable, resistente al cambio y a las transformaciones. Por ello, el sexo puede aparecer como el último resto de la naturaleza, después de que las tecnologías hayan cumplido su trabajo de construcción del cuerpo.

El término tecnología (← «techné», oficio y arte de fabricar, *versus* «physis», naturaleza) pone en marcha una serie de oposiciones binarias: natural/artificial, órgano/máquina, primitivo/moderno, donde el «instrumento» juega un papel de mediación entre los términos de la oposición. Tanto en las narraciones positivistas del desarrollo tecnológico (en las que el Hombre se representa como la razón soberana que doma, domestica y domina la naturaleza bruta) como en las narraciones apocalípticas o antitecnológicas (por ejemplo, las profecías de Paul Virilio, que situado en el umbral mismo del horizonte negativo vela por la inseguridad del territorio, contabilizando los accidentes de la máquina que eructa una racionalidad letal destruyendo y devorando la naturaleza) comparten un mismo presupuesto metafísico: la oposición entre el cuerpo vivo (límite u orden primero) como naturaleza, y la máquina inanimada (liberadora o perversa) como tecnología.

Donna Haraway ha mostrado cómo en el discurso antropológico y colonial la definición de humanidad depende de la noción de tecnología: el «(hu)mano/*hu-man*» se define ante todo como «un animal que utiliza instrumentos», por oposición a los «primates» y a las «mujeres».[68] La noción de tecnología, como «totalidad de los instrumentos que los hombres fabrican y emplean para realizar cosas», sirve de soporte a las nociones aparentemente intocables de «naturaleza humana» y «diferencia sexual». La tecnología es también el criterio del colonizador para determinar el grado de cultura, de racionalidad y de progreso alcanzado por los «pueblos». En las narraciones colonialistas dominantes, las mujeres y los «indígenas» que no tienen acceso o carecen de tecnología se describen como si formaran parte de la «naturaleza» y se convierten, por esta razón, en los recursos que el «hombre blanco» debe dominar y explotar.

La noción de «tecnología» es, pues, una categoría clave alrededor de la cual se estructuran las especies (huma-

68. Donna Haraway, *Primate Visions: Gender, Race and Nature,* Nueva York, Routledge, 1998, pp. 9 y ss.

no/no humano), el género (masculino/femenino), la raza (blanco/negro) y la cultura (avanzado/primitivo). En su análisis crítico de los discursos de la primatología, Donna Haraway ha mostrado cómo la antropología colonial del siglo XIX y comienzos del XX definió los cuerpos masculinos y femeninos apoyándose en la oposición tecnología/naturaleza, instrumento/sexo. El cuerpo masculino se define mediante la relación que establece con la tecnología: el «instrumento» lo prolonga, incluso lo reemplaza. Puesto que la antropología tradicional no considera las técnicas de gestación y educación desarrolladas por las mujeres africanas como tecnologías propiamente dichas,[69] el cuerpo femenino es considerado ajeno a cualquier forma de sofisticación instrumental y va a definirse como «sexo». El discurso antropológico, dice Haraway, ha construido el cuerpo femenino no tanto en relación con el cuerpo humano masculino, sino más bien por oposición al del primate hembra, caracterizándolo por su falta de períodos de celo como un cuerpo sexual a tiempo completo. Una definición que se articulará, no en función de la adquisición de instrumentos (como es el caso del hombre), sino más bien en función de la regularidad de la actividad sexual y la gestación. Para la antropología clásica, que Haraway condena, a diferencia del primate hembra, el cuerpo femenino es el que siempre está disponible para el (hetero)sexo, un cuerpo hecho a medida de los imperativos de la procreación doméstica.

Tecnología y sexo son categorías estratégicas en el discurso antropológico europeo y colonialista, en el que la masculinidad se ha descrito en función de su relación con

69. A este respecto véase el interesante estudio de Jan Zimmerman *The Technological Woman: Interfacing with Tomorrow,* Nueva York, Praeger, 1983.

los aparatos tecnológicos, mientras que la feminidad se ha definido en función de la disponibilidad sexual. Pero la «reproducción sexual», en apariencia confinada a la naturaleza y al cuerpo de las mujeres, está «contaminada» desde el comienzo por las tecnologías culturales, tales como las prácticas específicas de la sexualidad, los regímenes de contracepción y de aborto, los tratamientos médicos y religiosos del parto, etc. Lyotard ha mostrado que, si bien en el discurso científico y antropológico la naturaleza y la tecnología son categorías que se oponen, ambas, en realidad, están ligadas íntimamente a la «procreación natural».

Existe una complicidad entre las nociones de tecnología y de sexualidad que la antropología intenta ocultar pero que aletea incluso detrás de la etimología griega del término «techné». Las teorías aristotélicas de la procreación humana hablan del esperma como de un líquido que contiene «hombres *in nuce*», «homúnculos» que deben depositarse en el vientre pasivo de la mujer. Esta teoría, que no se refutó hasta el descubrimiento de los ovarios en el siglo XVII, entendía la procreación como una tecnología agrícola de los cuerpos en la que los hombres son los técnicos y las mujeres campos naturales de cultivo. Como ha insistido Lyotard, la expresión «techné» (forma abstracta del verbo «tikto», que quiere decir «engendrar», «generar») remite en griego al mismo tiempo a formas de producción artificial y de generación natural. La palabra griega para designar los generadores no es otra que «teknotes», y para designar el germen, «teknon».[70] Como ejemplo paradigmático de contradicción cultural, la tecnología recurre, pues, a la vez a la producción artificial (donde *techné = poiesis)* y

70. Jean-François Lyotard, «Can Thought Go on without a Body?», *The Inhuman*, Stanford, Stanford University Press, 1991, p. 52.

a la reproducción sexual o «natural» (donde *techné* = generación).

La crítica feminista fue la primera que señaló y analizó este vínculo entre tecnología y reproducción sexual. A comienzos de los años setenta, el feminismo intentó escribir la historia política de la reapropiación tecnológica del cuerpo de las mujeres. La fuerza con la que el discurso feminista designó al cuerpo femenino como el producto de la historia política, y no simplemente de la historia natural, debe proclamarse como el comienzo de una de las mayores rupturas epistemológicas del siglo XX. Sin embargo, para numerosas feministas, la tecnología remite a un conjunto de técnicas (no solamente a los instrumentos y a las máquinas, sino también a los procedimientos y a las reglas que presiden sus usos –desde las pruebas genéticas a la píldora pasando por la epidural–) que objetivan, controlan y dominan el cuerpo de las mujeres. Hasta Donna Haraway, los análisis feministas de la «tecnología» (como los de Barbara Ehrenreich, Gena Corea, Adrienne Rich, Mary Daly, Linda Gordon, Evelyn Fox Keller, etc.) redujeron las tecnologías de sexo a un cierto número de tecnologías reproductivas. La dificultad, con una andadura feminista de este tipo, es que cae en la trampa de la esencialización de la categoría de la mujer, la cual va generalmente a la par de la identificación del cuerpo de la mujer y de su sexualidad con la función de reproducción, y que pone generalmente el acento en los peligros (dominación, explotación, alienación...) que representan las tecnologías para el cuerpo de la mujer. Este tipo de feminismo habría dejado escapar las dos mejores ocasiones para una posible crítica de las tecnologías de la sexualidad. En primer lugar, centrado en un análisis de la diferencia femenina, pasará por alto el carácter construido del cuerpo y de la identidad de género masculinos. En segundo lugar, al demonizar toda forma de tecnología como aparato al servicio de la dominación patriarcal, este feminismo será incapaz de imaginar las tecnologías como posibles lugares de resistencia a la dominación.

El feminismo que rechaza la tecnología como forma sofisticada de la dominación masculina sobre el cuerpo de las mujeres termina por asimilar cualquier forma de tecnología al patriarcado. Este análisis reconduce y perpetúa las oposiciones binarias naturaleza/cultura, femenino/masculino, reproducción/producción, así como una concepción de las tecnologías según la cual éstas no son sino modos de control del cuerpo de las mujeres y de la reproducción. Según estas previsiones apocalípticas, la meta última de la tecnocracia masculina no sería solamente apropiarse del poder de procreación del vientre de las mujeres, sino, más todavía, reemplazar a las «mujeres biológicas» (buenas, naturales, inocentes...) por «mujeres máquinas» gracias a las futuras biotecnologías de replicación, como la donación o la fabricación de úteros artificiales.[71] En otra versión distópica *high-tech* –la de Andrea Dworkin– las mujeres acabarían por habitar «un burdel reproductivo», donde serían reducidas al estado de máquinas biológicas y sexuales al servicio de los hombres.

La mayoría de estas críticas feministas reclama una revolución antitecnológica, en la que los cuerpos de las mujeres se liberarían del poder coercitivo y represivo de los machos y de las tecnologías modernas para fundirse con la naturaleza. De hecho, la crítica feminista de los años setenta y ochenta desemboca en una doble renaturalización.

71. Gena Corea, *The Mother Machine. Reproductive Technologies from Artifitial Insemination to Artifitial Wombs,* Nueva York, Harper and Row, 1985.

Por un lado, con la reducción y la demonización de las tecnologías del sexo, el cuerpo de las mujeres se presenta como puramente natural, y el poder dominador de los hombres, transformado en técnicas de control y de posesión, se ejerce sobre lo que sería la capacidad más esencial de las mujeres: la reproducción. Ésta se describe como una capacidad natural del cuerpo de las mujeres, la materia cruda sobre la que va a desplegarse el poder tecnológico. En este discurso, la mujer es la naturaleza y el hombre es la tecnología.

Por otro lado, con la desnaturalización feminista del género iniciada por Simone de Beauvoir, la mujer es el producto de la construcción social de la diferencia sexual. Este feminismo fracasa al no proceder a los análisis deconstructivistas del hombre y de la masculinidad en cuanto género, a su vez construido también tecnológica y socialmente. Si el eslogan de Beauvoir «no se nace mujer» ha presidido la evolución del feminismo en el siglo XX, hasta el giro posfeminista de los noventa nadie se aventurará con su declinación masculina, «no se nace hombre». La eterna canción del psicoanálisis lacaniano de los años setenta y ochenta en la que diferentes voces, del propio Lacan a Kristeva, se preguntaban escépticamente «¿existe la mujer?» no conoció su correlato «¿existe el hombre?» hasta la aparición recientemente de los «estudios poshumanos». De la misma manera, la declaración de guerra lanzada por Wittig en los ochenta, «las lesbianas no son mujeres», tuvo que esperar más de veinte años para verse seguida de su consecuencia más evidente: «los gays no son hombres».

Mientras el feminismo esencialista se retraía sobre sí mismo en posiciones conservadoras en torno a la maternidad, la reproducción y el respeto de la diferencia femenina, por su parte el llamado feminismo constructivista, a pesar de ser intelectualmente mucho más ágil gracias a la articulación de las diferencias en torno a la noción de «género», habría también caído en una trampa. Primero, a fuerza de insistir en el hecho de que la feminidad sería el resultado artificial de toda una serie de procedimientos tecnológicos de construcción, la masculinidad, que no necesitaría someterse a su propio poder tecnológico, aparece ahora como paradójicamente natural. La masculinidad resultaría así la única naturaleza que permanece, mientras que la feminidad estaría sometida a un proceso incesante de construcción y modificación. El hecho de que la moda o la cirugía estética hayan tenido durante los dos últimos siglos como objeto prioritario el cuerpo femenino parecería confirmar esta tesis. El problema de este planteamiento es que considera que la tecnología viene a modificar una naturaleza dada, en lugar de pensar la tecnología como la producción misma de la naturaleza. Quizás el mayor esfuerzo de las tecnologías del género no haya sido la transformación de las mujeres, sino la fijación orgánica de ciertas diferencias. He llamado a este proceso de fijación «producción prostética del género».

Segundo, acentuando el carácter construido del género, en tanto que variable histórico cultural, el feminismo constructivista terminaría por reesencializar el cuerpo y el sexo, concebidos como el lugar donde la variación cultural choca con un límite natural infranqueable.

La fuerza de la noción foucaultiana de tecnología reside en escapar a la comprensión reductora de la técnica como un conjunto de objetos, instrumentos, máquinas u otros artefactos, así como a la reducción de la tecnología del sexo a las tecnologías implicadas en el control de la reproducción sexual. Para Foucault, una técnica es un dispositivo complejo de poder y de saber que integra los instrumentos y los textos, los discursos y los regímenes del cuerpo, las leyes y las reglas para la maximización de la vida, los placeres del cuerpo y la regulación de los enunciados de verdad.

Es hacia finales de los años setenta cuando Foucault vuelve obsesivamente a la idea de técnica: ¿demasiado Canguilhem o demasiado *fist-fucking* en las *backrooms* de San Francisco? La cuestión continúa abierta, y será el objeto de una investigación contrasexual ulterior. En todo caso, sabemos que en un seminario de 1982 Foucault afirma que su «objetivo, desde hace más de veinticinco años, ha sido el de esbozar una historia de las diferentes maneras en que, en nuestra cultura, los hombres elaboran un saber acerca de sí mismos: economía, biología, psiquiatría, medicina y criminología. El punto principal –afirma– no consiste en aceptar este saber como un valor dado, sino en analizar estas supuestas ciencias como "juegos de verdad" ligados a las técnicas específicas que los hombres utilizan para entenderse a sí mismos».[72] Prosigue citando cuatro grandes grupos de técnicas: técnicas de producción, de transformación y de manipulación de los objetos, técnicas de sistemas de signos, técnicas de poder y técnicas del yo.

Esta noción de «técnica» le permitirá deshacer las aporías que planteaban los modelos de poder que circulaban en los años sesenta y setenta. En primer lugar, el modelo jurídico y liberal, según el cual el sujeto es soberano por naturaleza, y cuya soberanía debería reconocerse y validar-

72. Michel Foucault, «Les Techniques de Soi», en *Dits et Écrits,* tomo 4, París, Gallimard, 1994 (traducción al castellano: *Tecnologías del yo,* Barcelona, Paidós, 1990, pp. 47-48. Nota de los traductores: traducción ligeramente modificada).

se por la ley. En este modelo, el poder se centraliza y emana de instituciones positivas tales como el Estado o el sistema jurídico. Foucault abandona la noción de sujeto autónomo y soberano que posee/cede el poder, para proponer una concepción del sujeto local, situado, producto de una relación de poder específica.

Al mismo tiempo, Foucault va a deshacerse del esquema marxista de dominación/revolución según el cual el poder emana de las estructuras económicas. Perspectiva en la que el poder siempre es dialéctico y opone los grupos antagónicos (burgués/proletario en la interpretación clásica, hombres –el patriarcado/mujeres en la versión feminista del marxismo). Al definir la técnica como un sistema de poder productivo, rechazará los modelos de poder coercitivos y represivos (por ejemplo, «la hipótesis represiva» del psicoanálisis) según los cuales el poder se ejerce como una prohibición unida a las sanciones sociales, psicológicas o físicas.

Para Foucault, la técnica es una especie de micropoder artificial y productivo que no opera de arriba abajo, sino que circula en cada nivel de la sociedad (desde el nivel abstracto del Estado al de la corporalidad). Por esta razón, el sexo y la sexualidad no son los efectos de las prohibiciones represivas que obstaculizarían el pleno desarrollo de nuestros deseos más íntimos, sino el resultado de un conjunto de tecnologías productivas (y no simplemente represivas). La forma más potente de control de la sexualidad no es, pues, la prohibición de determinadas prácticas, sino la producción de diferentes deseos y placeres que parecen derivar de predisposiciones naturales (hombre/mujer, heterosexual/homosexual, etc.), y que serán finalmente reificadas y objetivadas como «identidades sexuales». Las técnicas disciplinarias de la sexualidad no son un mecanismo represivo, sino estructuras reproductoras, así como técnicas de deseo y de saber que generan las diferentes posiciones de sujeto de saber-placer.

PRÓTESIS DE GÉNERO

Habiendo recurrido a la noción de «tecnología de sexo», cuyo alcance aumenta significativamente, la contrasexualidad sortea el falso debate entre «esencialismo» y «constructivismo». Las categorías de hombre y de mujer no son naturales, son ideales normativos culturalmente construidos, sujetos al cambio en el tiempo y las culturas, nos dicen los constructivistas. En cuanto a los esencialistas, éstas encuentran refugio, en nuestros días, en unos modelos extraídos del *kitsch* psicoanalítico («el nombre del padre» o el «orden simbólico») y en modelos biológicos según los cuales la diferencia de sexo y de género depende de estructuras físicas y psíquicas, de invariantes que perduran más allá de las diferencias culturales e históricas.

Ahora bien, resulta que la distinción sexo/género remite cada vez más, de forma homóloga, a la distinción entre esencialismo y constructivismo, central en la teoría feminista, gay y lesbiana contemporánea. Todo ocurre como si el sexo y la diferencia sexual (por ejemplo en relación con las funciones biológicas de la reproducción) pudieran comprenderse mejor en un marco esencialista, mientras que el género, construcción social de la diferencia sexual en diferentes contextos históricos y culturales, ganaría si fuese aprehendido con la ayuda de modelos constructivistas. No obstante, la posición esencialista y la posición constructivista tienen un mismo fundamento metafísico. Los dos modelos dependen de un presupuesto moderno: la creencia según la cual el cuerpo entraña un grado cero o una verdad última, una materia biológica (el código genético, los órganos sexuales, las funciones reproductivas) «dada». Esta creencia se encuentra incluso en las posiciones constructivistas más radicales.

Comprender el sexo y el género al modo de tecnologías permite zanjar la falsa contradicción entre esencialismo y constructivismo. No es posible aislar los cuerpos (como materiales pasivos o resistentes) de las fuerzas sociales de construcción de la diferencia sexual. Si prestamos atención a las prácticas contemporáneas de la tecnociencia veremos que su trabajo ignora las diferencias entre lo orgánico y lo mecánico, interviniendo directamente en la modificación y la fijación de determinadas estructuras del viviente. Foucault, en el último período de su vida, llamó «biopolítica» precisamente a esta nueva fase de las sociedades contemporáneas en la que el objetivo es la producción y el control de la vida misma. La nueva biotecnología está anclada, *trabaja* simultáneamente sobre los cuerpos y sobre las estructuras sociales que controlan y regulan la variabilidad cultural.[73] De hecho, es imposible establecer dónde terminan «los cuerpos naturales» y dónde comienzan las «tecnologías artificiales»; los ciberimplantes, las hormonas, los trasplantes de órganos, la gestión del sistema inmunológico humano en el VIH, la web, etc., no son sino algunos ejemplos.

Si he querido dar este rápido rodeo por el debate esencialismo/constructivismo es para recordar que esas dos

73. Tal hibridación está clara en los discursos médicos sobre el cáncer, el sida, etc. Véase Donna Haraway, *Simians, Cyborgs and Women. The Reinvention of Nature,* Nueva York, Routledge, 1991 (traducción al castellano: *Ciencia, cyborgs y mujeres. La reinvención de la naturaleza,* Madrid, Cátedra, 1995).

posiciones dependen de una idea cartesiana del cuerpo común, en la que la conciencia se piensa como inmaterial y la materia como puramente mecánica.[74] Pero, desde un punto de vista contrasexual, lo que me interesa precisamente es esta relación promiscua entre la tecnología y los cuerpos. Se trataría entonces de estudiar de qué modos específicos la tecnología «incorpora» o, dicho de otra forma, se «hace cuerpo». No puedo desarrollar aquí una historia completa de la producción tecnológica de la carne. Haré dos cortes en vertical en esta historia que nos permitirán situar el problema. Volveré para ello sobre las dos grandes metáforas tecnológicas de la incorporación del siglo XX, el robot y el ciborg, a partir de las cuales podríamos pensar el sexo como tecnología.

La idea del robot fue desarrollada, en primer lugar, por un ingeniero checo hacia 1924. El «robot» designaba entonces cualquier tipo de mecanismo automático capaz de realizar una operación que requiriese una elección elemental. La ambición de Capek era fabricar un tipo de «obrero artificial» que pudiera reemplazar la fuerza del trabajo humano (en checo, «robota» significa «trabajo forzado») en las cadenas de montaje.

La vocación de la robótica es la de concebir un «autómata», una máquina de aspecto humano capaz de moverse y de actuar. Pero el «robot» es también, en la lengua coloquial, un «hombre reducido al estado de autómata». Con el robot, el cuerpo está apresado paradójicamente entre el «órgano» y la «máquina». A primera vista, no obstante, lo orgánico y lo mecánico parecen pertenecer a registros opuestos. Lo orgánico remitiría a la naturaleza, a los seres vivos,

74. Sobre la desmaterialización de la conciencia en la metafísica occidental véase Jean-Luc Nancy, *Corpus,* París, Métailié, 2000.

mientras que lo mecánico dependería de los instrumentos y de los aparatos artificiales.

Sin embargo, los dos términos no siempre han estado separados. El término «órgano» proviene del griego *ergon,* que designa el instrumento o la pieza que, unida a otras piezas, es necesaria para realizar algún proceso regulado. Según Aristóteles, «todo arte *(techné)* necesita sus propios instrumentos *(organon)*». Esta acepción es, por lo demás, la de los títulos de los tratados de lógica aristotélica donde figura el término. *Organon* tiene, por lo tanto, el sentido de ser un método de representación, un instrumento de saber, un conjunto de normas y de reglas racionales gracias a las cuales podemos comprender la realidad. Un *organon* tal como lo comprendía Aristóteles es algo que hoy podríamos denominar una tecnología textual de codificación-descodificación. El *organon* es también un aparato o un dispositivo que facilita una actividad particular, de la misma manera que el martillo viene a prolongar la mano o el telescopio acerca el ojo a un punto de mira alejado en el espacio. Como si fuera la prótesis (una noción contemporánea de la emergencia de la filosofía moderna, que aparece en torno a 1553 para referirse tanto al suplemento de una palabra con un prefijo, como a la reconstrucción de un cuerpo gracias a un miembro artificial), y no el miembro vivo, la que se esconde desde siempre detrás de la noción *organon.*

El modelo del robot cataliza las contradicciones y las paradojas de la metafísica moderna: naturaleza/cultura, divino/humano, humano/animal, alma/cuerpo, macho/hembra. Está sometido a la ley de la performatividad paródica y mimética (definida como un proceso de repetición regulado). La idea misma del robot extrae su fuerza de la «máquina» como metáfora explicativa de la organización y del funcionamiento del cuerpo vivo. Pero la metáfora del cuerpo/máquina tiene un doble sentido. El hombre-máquina de La Mettrie, como el animal-máquina de Descartes, descansan sobre la idea de que el cuerpo biológico y sus actividades se pueden reducir a un sistema complejo de interacciones mecánicas y electromagnéticas. Cuando Albert Magnus describe sus «autómatas» y sus «máquinas siervas» espera poder modelizar un mecanismo artificial que vendría un día a sustituir al actor humano. Si el siglo XVIII había pensado el cuerpo humano como una máquina, el siglo XIX y el XX acabarán soñando con máquinas que se comporten como seres humanos.

La invención de la máquina de vapor en 1765 y el taylorismo que le siguió se tradujeron por una aprehensión de los cuerpos como instrumentos de trabajo al servicio de la máquina. La industrialización del trabajo, en el transcurso del siglo XIX, invirtió los términos de la metáfora mecánica: la máquina se convierte en sujeto y en organismo. Los obreros pasan a ser simples órganos conscientes que se ajustan a los órganos inconscientes del mecanismo.[75] El trabajo resulta de este empalme de miembros naturales y mecánicos.

El robot es, entonces, el lugar de una transferencia de doble vía entre el cuerpo humano y la máquina: algunas veces el cuerpo utiliza el instrumento como una parte de su estructura orgánica (→ prótesis), otras veces la máquina integra el cuerpo como una pieza de su mecanismo. De la imagen del hombre-máquina del siglo XVIII, donde el cuerpo (masculino) se pensaba como una totalidad mecánica, se pasa en el XIX a la imagen amenazadora de una

75. Christoph Asendorf, *Batteries of Life. On the History of Things and their Perception in Modernity,* Berkeley, California University Press, 1993, pp. 42-43.

«máquina viva» (como en *Metrópolis* de Fritz Lang) que se representará como una mujer o como un monstruo. La mujer, el monstruo y la máquina que desean la consciencia anticipan el ciborg.

Mientras tanto, durante el siglo XX, la masculinidad se volverá progresivamente prostética. Marie-Louise Roberts[76] y Roxanne Panchasi[77] han estudiado la reconstrucción de la «masculinidad» en el caso preciso de la readaptación de los soldados mutilados en el período de entreguerras. Esta rehabilitación del cuerpo masculino se inspira en el modelo mecánico del «robot» según el cual el «cuerpo masculino reconstruido», considerado «fuerza de trabajo», debería reintegrarse en la cadena de producción industrial. Jules Amar, director del «laboratorio militar de prótesis del trabajo» durante los años veinte, diseñará una serie de prótesis de brazo y de pierna cuyo objetivo, por primera vez, no será precisamente estético: se trataba de reparar el cuerpo inválido para que se convirtiera en uno de los engranajes esenciales de la máquina industrial posterior a la guerra, como había podido ser un engranaje esencial de la máquina de guerra. En su obra de 1916 *La prothèse et le Travail des Mutilés,* Jules Amar propone explicar y curar el llamado fenómeno de Weir Mitchell (el hecho de percibir sensaciones en el miembro perdido, lo que Merleau-Ponty llamará más tarde «el miembro fantasma») reconstruyendo el cuerpo como una totalidad trabajadora con la ayuda de prótesis mecánicas.

76. Marie-Louise Roberts, *Civilization without Sexes: Reconstructing Gender in Postwar France,* Chicago, University of Chicago Press, 1994, p. 27.

77. Roxanne Panchasi, «Reconstructions: Prosthetics and the Rehabilitation of the Male Body in the World War in France», *Differences: A Journal of Feminist Cultural Studies,* 7, 3, Indiana University Press, 1995, pp. 109-140.

Los obreros y los soldados prostéticos de Jules Amar muestran que la masculinidad se construye tecnológicamente. Si la reconstrucción del cuerpo masculino inválido se efectuaba con la ayuda de una prótesis mecánica, es porque el cuerpo masculino del obrero ya había sido pensado bajo la metáfora del «robot». En el marco de la gestión tayloriana y racional del trabajo (en la industria en tiempos de paz como en las industrias de destrucción masiva de la guerra), el «cuerpo masculino» constituía ya en sí mismo la prótesis orgánica al servicio de un mecanismo más amplio. Se concebía como un aparato mecánico que podía reconstruirse artificialmente con la ayuda de miembros prostéticos: «brazos trabajadores» o «piernas pedaleantes» por medio de las cuales el trabajador podía incorporarse a la máquina industrial. Esta reconstrucción tecnológica se hacía en función de las categorías de género y de sexo. Son los hombres, y no las mujeres, los primeros a quienes concierne la reconstrucción prostética inmediatamente después de la Primera Guerra Mundial. Curiosamente Jules Amar nunca contemplará los órganos sexuales como órganos que pueden reemplazarse tecnológicamente. La rehabilitación prostética se reservará a los órganos del trabajo industrial (el pene, por supuesto, no podía considerarse como tal). Para Amar, un «amputado» o un «incapacitado» era alguien que «había sufrido la mutilación de un órgano destinado al movimiento» y no debía ser confundido con un «impotente», alguien incapaz «de un restablecimiento funcional» puesto que había perdido por completo la capacidad de llevar a cabo el trabajo de la reproducción sexual.

Esta definición de la impotencia sugiere suficientemente que los órganos sexuales masculinos se situaban al margen de la reproducción prostética. Se lograban fabricar dedos mecánicos lo bastante articulados para manipular finos clavos o incluso para tocar el violín, pero no se proponía ninguna prótesis funcional para las mutilaciones sexuales. De hecho, las tecnologías prostéticas que prometían la reconstrucción del cuerpo masculino amenazaban la posición «natural» de poder del hombre en la familia, la industria y la nación. Si el cuerpo masculino (órganos sexuales incluidos) podía construirse prostéticamente, también podía, pues, deconstruirse, desplazarse y, por qué no, reemplazarse.

La incorporación alucinatoria de la prótesis señala un momento sintomático en el paso del modelo del robot al modelo del cíber. Lo interesante, desde un punto de vista contrasexual, es ese deseo del instrumento de volverse consciente, de incorporar la memoria del cuerpo, de sentir y de actuar por sí mismo. La prótesis dotada de sensibilidad fantasmática rompe con el modelo mecánico según el cual la prótesis debería ser un simple instrumento que reemplaza a un miembro ausente. Resulta imposible estabilizar la prótesis, definirla como mecánica u orgánica, como cuerpo o máquina. La prótesis pertenece por un tiempo al cuerpo vivo pero se resiste a una incorporación definitiva. Es separable, desenganchable, desechable, reemplazable. Incluso cuando se ata al cuerpo, se incorpora y parece dotada de consciencia, puede en cualquier momento volver al orden del objeto.

El estatuto *borderline* de la prótesis expresa la imposibilidad de trazar límites nítidos entre lo «natural» y lo «artificial», entre el «cuerpo» y la «máquina». La prótesis muestra que la relación cuerpo/máquina no puede comprenderse simplemente como un ensamblaje de partes anodinas y articuladas conjuntamente que cumplen una labor específica. En lo que concierne a la modificación de las actividades vivas del cuerpo orgánico, la prótesis sobrepasa el orden mecánico. La prótesis alucinatoria ya es un ciborg.

Como Marshall McLuhan había previsto en *Understanding Media: The Extensions of Man*,[78] las tecnologías del siglo XX se caracterizarán por actuar como suplementos prostéticos de una función natural. La prótesis, pensada como una sustitución artificial en caso de mutilación, una copia mecánica imperfecta de un órgano vivo, ha transformado la estructura de la sensibilidad humana en algo que el nuevo siglo ha bautizado con el nombre de «poshumano». Porque la prótesis no reemplaza solamente un órgano ausente; es también la modificación y el desarrollo de un órgano vivo con la ayuda de un suplemento tecnológico. Como prótesis del oído, el teléfono permite a dos interlocutores distantes intercambiar una comunicación. La televisión es una prótesis del ojo y del oído que permite a un número indefinido de espectadores compartir una experiencia al mismo tiempo comunitaria y desencarnada. El cine podría pensarse retroactivamente como una prótesis del sueño. Las nuevas cibertecnologías sugieren el desarrollo de formas de sensibilidad virtual e híbrida del tacto y de la visión, como en el tacto virtual gracias a los ciberguantes... La arquitectura, los automóviles y otros medios de transporte son también prótesis complejas sobre las cuales otras prótesis-de-la-sensibilidad, con sus sistemas y redes de comunicación, desde el teléfono hasta el ordenador, pueden conectarse. En esta lógica de creciente conexión, el cuerpo parece fundirse con sus órganos prostéticos dando lugar a un nuevo nivel de organización y generando una continuidad (¿individual?, ¿transpersonal?) orgánica-inorgánica.

78. Marshall McLuhan, *Understanding Media: The Extensions of Man*, Nueva York, MacGraw-Hill, 1964.

Esta manera de comprender la construcción prostética de lo natural es lo que Georges Teyssot ha llamado «una teoría generalizada de las discapacidades».[79] La prótesis, destinada en un primer momento a paliar nuestras discapacidades físicas, genera comportamientos complejos y sistemas de comunicación con relación a los cuales nos hallamos discapacitados sin ella. Por ejemplo, la máquina de escribir se inventó en principio para las personas ciegas, de manera que tuvieran acceso a una escritura mecánica; luego se generalizó como una prótesis de escritura que modificó radicalmente las maneras de comunicarnos. La discapacidad de los no videntes es tan estructurante, en la concepción de la máquina de escribir como prótesis, que una ficción de ceguera (se trata de no mirar el teclado) se ha vuelto necesaria para todo el que aprende a escribir: como si fuera preciso pasar por la experiencia de la discapacidad para acceder, con la prótesis, a un nuevo nivel de complejidad.

En otros términos, cada «órgano» tecnológico reinventa una «nueva condición natural» por la que todos somos discapacitados. Mejor aún, cada nueva tecnología recrea nuestra naturaleza como discapacitada con respecto a una nueva actividad que requiere ser suplida tecnológicamente. Las nuevas tecnologías de reproducción *in vitro* (y quizá pronto fuera del útero), por ejemplo, han sido desarrolladas para compensar una «deficiencia» percibida con la supuesta «reproducción (hetero)sexual normal». En ese mismo momento, estas tecnologías generan todo un conjunto de modos de reproducción, sin relaciones heterosexuales, que podrían resultar accesibles para todos, y que

79. Georges Teyssot, «Body Building», en *Lotus,* 94, septiembre, 1997, pp. 121 y ss.

son susceptibles de transformar las formas de incorporación de eso que seguimos llamando, a falta de algo mejor, los hombres y las mujeres. Lo que estoy sugiriendo aquí es que el sexo y el género deberían considerarse formas de incorporación prostética que se hacen pasar por naturales, pero que, pese a su resistencia anatómico-política, están sujetos a procesos constantes de transformación y de cambio.

Llevemos al extremo las contradicciones de la incorporación prostética y encontraremos el ciborg. El manifiesto ciborg de Donna Haraway (1985) marca un afortunado viraje en el feminismo, o, más exactamente, inicia un giro posfeminista, al pasar de la demonización de la tecnología a investirla políticamente. Este giro del feminismo antitecnológico al posfeminismo coincide con el paso del robot al ciborg o, lo que es lo mismo, con el paso del capitalismo industrial al capitalismo en su fase global, financiera, comunicativa, biotecnológica y digital. De algún modo Norbert Weiner, en su definición de la cibernética, había sentado las condiciones de este nuevo capitalismo. La ciencia de Weiner estaría constituida por el conjunto de teorías relativas a las comunicaciones y a la regulación entre el ser vivo y la máquina.[80] Entretanto, lo que se ha modificado es el contexto en el que se fabrican los órganos, y los materiales implicados en su fabricación. Mientras que el escenario de creación del robot fue la fábrica y sus cadenas tayloristas, el ciborg se creará en un laboratorio biotecnológico. El primer ciborg «posmoderno» fue concebido después de la Segunda Guerra Mundial por ingenieros genetistas que implantaron conexiones ci-

80. Norbert Weiner, *The Human Use of Human Beings,* Nueva York, Avon, 1954.

bernéticas en un animal vivo, saturando artificialmente su sistema de información con circuitos eléctricos, hormonas, fluidos químicos y biológicos. El ciborg no es un sistema cerrado matemático y mecánico, sino un sistema abierto, biológico y comunicante. El ciborg no es un ordenador, sino un ser vivo conectado a redes visuales e hipertextuales que pasan por el ordenador, de tal manera que el cuerpo conectado se convierte en la prótesis pensante del sistema de redes.

La ley del ciborg no es la de la repetición mimética, sino la de la producción de un máximo de comunicación horizontal en el sentido informático del término. «El ciborg es texto, máquina, cuerpo y metáfora –todo él teorizado e integrado en la práctica como comunicación.»[81] Algunos ejemplos de tecnología ciborg biosocial que deberían ser el objeto de un estudio contrasexual: el dildo que goza, las personas que viven con sida, las hormonas, las personas transgenéricas, las drogas, el sexo virtual, el cuerpo transexual...

La cuestión no reside en elegir entre los robots y los ciborgs. Ya somos ciborgs que incorporan prótesis cibernéticas y robóticas. No hay vuelta atrás. Las tecnologías mecánicas y cibernéticas no son instrumentos neutros surgidos en un paraíso científico que podrían, en un segundo momento, ser aplicados con fines políticos más o menos saludables. Todas (desde los sistemas *high-tech* de la comunicación por Internet a las técnicas gastronómicas, pasando por una técnica *low-tech* como, por ejemplo, la del follar) son desde un principio sistemas políticos que vienen a asegurar la reproducción de estructuras socioeconómicas precisas. Donna Haraway insiste en que las

81. Donna Haraway, *Primate Visions, op. cit.*, p. 212.

tecnologías no son intrínsecamente «limpias» o «sucias». Las bio y cibertecnologías contemporáneas son al mismo tiempo el resultado de estructuras de poder y enclaves posibles de resistencia a ese mismo poder, en cualquier caso, un espacio de reinvención de la naturaleza.

Si los discursos de las ciencias naturales y las ciencias humanas continúan cargados de retóricas dualistas cartesianas de cuerpo/espíritu, naturaleza/tecnología, mientras los sistemas biológicos y de comunicación han probado funcionar con lógicas que escapan a dicha metafísica de la materia, es porque esos binarismos refuerzan la estigmatización política de determinados grupos (las mujeres, los no blancos, las *queers,* los discapacitados, los enfermos, etc.), y permiten impedirles sistemáticamente el acceso a las tecnologías textuales, discursivas, corporales... que los producen y los objetivan. De hecho, el movimiento más sofisticado de la tecnología consiste en presentarse a sí misma como «naturaleza».

Ejercicio de lectura contrasexual

DE LA FILOSOFÍA COMO MODO SUPERIOR DE DAR POR EL CULO: DELEUZE Y LA «HOMOSEXUALIDAD MOLECULAR»

Sólo hay una sexualidad, la homosexual...
Sólo hay una sexualidad, la femenina.

FÉLIX GUATTARI, 1979

La homosexualidad es la verdad del amor.

GILLES DELEUZE, 1964

La noción de «homosexualidad molecular» de Deleuze sigue siendo un concepto periférico raramente analizado por los comentadores deleuzianos, a pesar de la posición estratégica que ésta ocupa en la estructura de *El anti-Edipo* y la frecuencia con la que Deleuze y Guattari se autoafirmarán «homosexuales moleculares» durante los años setenta: «Estadísticamente o molarmente somos heterosexuales, pero personalmente homosexuales, sin saberlo o sabiéndolo, y por último somos trans-sexuados, elementalmente o molecularmente» (Deleuze y Guattari, 1985, 76).

La «homosexualidad molecular» o local, materializada a través de un *coming-out* que no se deja reducir ni a la identidad ni a la evidencia de las prácticas, pertenece indudablemente al conjunto de rasgos con los que Deleuze se presenta como persona pública. La «homosexualidad molecular» y sus uñas (excesivamente largas y descuidadas) aparecen como extraños atributos individualizantes a través de los que Deleuze (personaje mucho menos mediatizado que otros de sus contemporáneos, como Derrida o Foucault) puede ser reconocido o caricaturizado, pero cuya importancia filosófica o política es frecuentemente reducida a una anécdota hagiográfica.

Podríamos sin duda explicar la «homosexualidad molecular» de Deleuze como parte de lo que llamaríamos el «efecto uñas», es decir, reducirla a una suerte de rareza o de concepto-capricho (una pose esnob, «como las gafas negras de la Garbo»),[1] una noción-descuido cuyo discernimiento no afecta a la lectura de los principales anatemas deleuzianos. He decidido, sin embargo, someter el «caso de la homosexualidad molecular» a la hipótesis de *El anti-Edipo* según la cual «no hay concepto lógico que no dé lugar a operaciones físicas» (Deleuze y Guattari, 1985).

Se trataría entonces de entender qué tipo de operaciones físicas produce la «homosexualidad molecular» como concepto: ¿cuál es la relación entre la oscura noción de «homosexualidad molecular» y el mantra frecuentemente repetido «devenir mujer»?[2] ¿Cuál puede ser el objetivo de la cuidadosa distinción de Deleuze entre dos tipos de homosexualidades: una molecular y otra global? ¿Cuáles son las condiciones del discurso público del intelectual francés

1. Ésta será una de las acusaciones de Michel Cressole a Deleuze, utilizar la homosexualidad del mismo modo que la Garbo usaba sus gafas negras como una pose esnob. Véase Michel Cressole, *Deleuze,* París, Éditions Universitaires, 1973, p. 105.

2. No podremos responder en este capítulo a la cuestión de la relación entre las nociones de homosexualidad molecular y de «devenir mujer», que demanda un análisis independiente. Dejaré de lado también la compleja figura de Albertina en la discusión sobre *Proust y los signos* que he tratado en otro artículo: «Albertina Anal» (manuscrito no publicado). Sobre la cautela del feminismo americano frente al «devenir mujer», véase *Deleuze and Feminist Theory,* Ian Buchanan y Claire Colebrook (eds.), Edimburgo, Edinburgh University Press, 2000.

después del 68 que hacen posible que Guattari y Deleuze se autoproclamen «homosexuales moleculares» mientras que Foucault, gay y asiduo a los *backrooms* sadomasoquistas en San Francisco, omita toda enunciación en primera persona en sus análisis de la homosexualidad y evite tomar posición frente a las nuevas formaciones políticas identitarias de los años setenta y ochenta en Francia? ¿Cuál es la «molecularidad» que Foucault no comparte con Deleuze y Guattari?

En la Universidad de Vincennes (hoy París VIII), Deleuze se convierte durante los años setenta en el mentor filosófico no sólo de René Schérer y Guy Hocquenghem,[3] sino de parte del FHAR (Frente Homosexual de Acción Revolucionaria). Sin ser homosexual, escribirá Shérer, «Deleuze ha acompañado esta lucha y la ha sostenido» (Schérer, 1998, 72). En este último grupo encontraríamos también a Michel Cressole, que habría de protagonizar el primer enfrentamiento con Deleuze en relación con la «unidad de una pretendida filosofía del deseo».[4] Michel Cressole, joven periodista de izquierda en *Libération,* maricón y amigo/enemigo personal de Deleuze, será el primero en dudar de la verdad, filosófica y política, de un discurso sobre las drogas, la esquizofrenia o la homosexualidad que no conoce la adicción, la enfermedad mental o la fe-

3. En 1972 Guy Hocquenghem publica, directamente inspirado en *El anti-Edipo, Le Desir homosexuel* (París, Les Éditions Universitaires, 1972). Gilles Deleuze escribirá el prefacio a *L'Après-Mai des faunes,* París, Grasset, 1974.

4. «Unité d'une prétendue philosophie du desir». La narración de algunos de estos encuentros/desencuentros deleuzianos puede seguirse en Françoise Chatelet, *Cronique des idées perdues,* París, Stock, 1997.

calidad. En 1973, Cressole dirige una carta abierta a Deleuze en la que ataca directamente la ambigüedad de su posición: «Siempre querrías dar el punto en el que estás, con tu cuerpo, ante la locura, la droga, el alcohol o el ano. Es verdad, no es posible reprocharte, cuando te presentas como genealogista o funcionalista, la más grande decencia o la hipocresía de tu demencia o de la fecalidad, tal y como Artaud le hizo a Caroll» (Cressole, 1973, 102). En un segundo momento, aún más virulento, la crítica se articula en torno a una nueva y esclarecedora oposición, Tú (Deleuze)/los maricas: «Cuando miras cómo les va a los maricas, y cuando les cuentas todo lo que ves, eso les gusta, encuentran que está bien, pero cuando, inocentes como los niños, los maricas se vuelven para saber dónde está el que dijo eso, para ver si "efectivamente" está ahí, descubren un señor correcto y simpático, que se da golpes de pecho de boquilla, que no les prohíbe nada, que está dispuesto a defenderlos, pero "defendiéndose" las espaldas, protestando por su sufrimiento de ser siempre eso, como se protesta de la buena fe» (Cressole, 1973, 102). Para Cressole, la supuesta «homosexualidad molecular» de Deleuze es, como habría dicho La Lupe, «puro teatro, calculado simulacro», una forma de darse golpes en el pecho, tras la que se esconde una demencia y una fecalidad que sólo podrían calificarse de hipócritas. Resta saber, sin embargo, por qué Deleuze, un «señor correcto y simpático», habría tenido la necesidad de identificarse como homosexual y de separarse de tal identificación mediante el adjetivo «molecular».

Ian Buchanan, veinticinco años más tarde, en un congreso celebrado en Australia (que vendría a certificar la globalización de la filosofía de Deleuze mediante su traducción al inglés), intentará dar respuesta a las críticas de

Michel Cressole usando el concepto de «transversalidad» y de «relación transversal». Según Deleuze, es posible pensar o escribir transversalmente sobre un fenómeno sin haber pasado por la experiencia real, del mismo modo que es posible viajar sin moverse de lugar. Félix Guattari habría ya conocido y utilizado la noción de «transversalité» en su trabajo psicoterapéutico durante los años cincuenta en la clínica de La Borde, en Cour-Cheverny. El concepto de relación transversal, tal y como es empleado por Deleuze, no sólo retoma esta noción psicoanalítica sino, y especialmente, la idea de David Hume según la cual cualquier efecto de un proceso puede ser siempre producido por otros medios. Un ejemplo citado a menudo por Deleuze sería la llamada «borrachera de Henry Miller», un experimento que consiste en llegar a la ebriedad bebiendo agua. En Deleuze, la transversalidad adquiere nueva fuerza, convirtiéndose en condición de posibilidad de ciertas experiencias de «devenir». Así por ejemplo, el «nomadismo abstracto» no sólo implica que es posible viajar sin moverse, sino que opone a la experiencia habitual del viaje una práctica transversal que se da exclusivamente en reposo: si de verdad quieres viajar «no debes moverte demasiado o espantarás al devenir» (Deleuze, *Negotiations,* 108).

Transversalmente, la molecularidad es a la homosexualidad lo que el agua es a la borrachera de Henry Miller, y el reposo al nomadismo abstracto. En la respuesta de Deleuze a la carta de Cressole es clara la alusión a la transversalidad: «¿Qué tienen que ver aquí mis relaciones con los maricas, los alcohólicos o los drogadictos, si yo obtengo efectos análogos por otros medios?... Yo no os debo nada, nada más de lo que vosotros me debéis. No hay razón para que yo vaya a vuestros guetos, porque yo tengo los míos. El problema nunca ha consistido en la naturaleza de tal o cual grupo exclusivo, sino en las relaciones transversales mediante las cuales los efectos producidos por tal o cual cosa (homosexualidad, droga, etc.) pueden producirse de otro modo» (Deleuze, 1995, 21. Traducción ligeramente modificada). En este argumento, la homosexualidad se presenta, junto con el alcohol y la droga, como una experiencia de toxicidad y de gueto por medio de la cual se tiene acceso a ciertos efectos. Y si la toxicidad y el gueto no son deseables, los efectos parecen sin embargo ser imprescindibles para el esquizoanálisis. Deleuze parece estar preocupado con obtener a su manera, es decir, transversalmente, los mismos efectos que los maricas, los drogadictos y los alcohólicos obtienen, pero reduciendo de algún modo la toxicidad del gueto. Si esta «relación transversal» es crucial, es precisamente porque permite a Deleuze esquivar, al menos retóricamente, la cuestión de la política de la identidad.[5] La relación transversal no es del orden ni del individuo, ni de la propiedad: la experiencia de la ebriedad, por ejemplo, no es algo que un individuo tiene, sino más bien el material mismo, el flujo del que el ebrio está hecho durante cierto tiempo. Ni es tampoco del orden de la comunidad o el grupo. La identificación como «alcohólico» no da cuenta ni del evento de la ebriedad ni de la eventual posibilidad de la borrachera hidráulica al estilo Miller.

Aparentemente, Deleuze no está interesado en los discursos que se producen en torno a la identidad (aunque él mismo confiesa tener su propio gueto). Según él, «la experiencia privilegiada de uno mismo es un argumento débil

5. Véase el argumento en torno a este problema en Ian Buchanan (ed.), *A Deleuzian Century?*, Durham, Duke University Press, 1999, p. 5.

y reaccionario» (Deleuze, 1995, 22) que peca de «realismo plano». En este sentido, la homosexualidad no es para Deleuze ni identidad ni esencia: «Ningún gay podrá jamás decir con certitud "Yo soy gay".» La comunidad homosexual no puede servir, por tanto, como referente de la verdad de la enunciación de un «nosotros», del mismo modo que la identidad homosexual no puede servir como referente de la verdad de la enunciación del «yo». El problema de la filosofía, dirá Deleuze, no es tanto determinar quién puede pensar o hablar sobre qué, sino cómo crear un conjunto de condiciones que permitirían hablar a todos y cada uno.

Sin embargo, todos estos ajustes lógicos no permiten cerrar sin más la cuestión de la autoafirmación de Deleuze como «homosexual molecular». Cabe aún preguntar: ¿cuáles son los mecanismos de transversalidad, los pasajes de conversión a través de los cuales es posible para Deleuze «ser homosexual» evitando la fecalidad y la toxicidad del gueto? ¿Cuáles son los efectos que Deleuze cree haber alcanzado molecularmente y que le permiten «ser homosexual» sin «deber nada» a los maricones? ¿Cuáles serían las operaciones lógicas que permitirían afirmar la homosexualidad como posición de enunciación universal? Y si esta posición fuera posible, independientemente de la identidad, del gueto y de las prácticas sexuales, ¿cuál sería el sentido de esta homosexualidad conceptual depurada?

Aunque la expresión «homosexualidad molecular» no aparece hasta 1971-1972 en *El anti-Edipo,* Deleuze llevó a cabo ya en 1964, en *Proust y los signos,* un análisis detallado de la figura del homosexual y de la *Recherche* misma de Proust como una operación de descodificación de signos homosexuales. Como sucede a menudo con los estudios monográficos que hace de otros autores (Nietzsche, Spinoza, Foucault, Bergson, Leibniz, etc.), Deleuze acaba produciendo una maquinaria interpretativa que funciona en la medida en que ella misma fabrica *deleuzianamente* su propio objeto de lectura. Propondré aquí aprovechar estos elementos performativos para descifrar retrospectivamente a Deleuze a la luz de su propio Proust.

La primera divergencia que ofrece Deleuze con respecto a las interpretaciones habituales de Proust será considerar la *Recherche* no una compensación del paso del tiempo y la pérdida de la memoria por medio de la escritura, sino un proceso de aprendizaje amoroso. En primer lugar, Deleuze rechazará la definición clásica de memoria como acumulación de representaciones de hechos o acontecimientos pasados. Esta noción acumulativa de memoria supondría cierta equivalencia entre cada una de las unidades de tiempo: la memoria no sería otra cosa que un archivo más o menos elaborado de representaciones mentales en el que a cada instante del tiempo correspondería un hecho. Si esto fuera así, la *Recherche* se reduciría a una taxonomía detallada de hechos/imágenes ordenados de acuerdo con una cronología creciente. Para Deleuze, sin embargo, la *Recherche* no puede ser una colección secuencial de hechos/imágenes porque no existe una unidad de tiempo que sirva de común denominador a todos los eventos. La diferencia de intensidad de cada instante provoca inflexiones, invaginaciones en el curso del tiempo, obliga al tiempo a replegarse sobre sí mismo, pliegue que explicaría que dos instantes cronológicamente distantes aparezcan representados por una sola imagen y una sola unidad de memoria. Así, la magdalena o los ladrillos de Martinville contienen una densidad monádica de recuerdos que no pueden reducirse ni a un solo hecho ni a un solo instante del tiempo. La *Recherche* de Proust es para Deleuze el aprendizaje temporal de descodificación de diferentes tipos de signos. Es a través de la actividad concreta de la descodificación como podemos aprehender el tiempo: aprender del tiempo.

En sintonía con el ambiente semiótico del París pos-Saussure y pos-Hjelmslev[6] de los sesenta, Deleuze afirmará que la realidad no se ofrece al sujeto en forma de objeto, sino en forma de signo codificado, y en consecuencia va a estructurar su análisis de Proust a partir de la especificidad de los signos descodificados: su materia, su forma, los efectos que los signos provocan, la relación entre el signo y el significado, la facultad implicada en el proceso de descodificación, su estructura temporal y, finalmente, la relación particular que los signos entablan con la verdad.

El primer nivel de los signos que se ofrece a la descodificación en la *Recherche* es el nivel de la «mundaneidad» (Deleuze, 1972, 16). Curiosamente, los signos mundanos son los signos que aparecen en la amistad y en la filosofía. Son signos vacíos y estúpidos, dirá Deleuze, y aunque se ofrecen a la inteligencia, están marcados por el olvido. Son signos crueles y estériles ya que dependen de la falacia misma de la representación, es decir, la ilusión de creer en la realidad objetiva del signo sin conocer las operaciones a través de las que éste reemplaza. La amistad depende de cierta buena voluntad en la interpretación de los signos, del mismo modo que la filosofía depende de la buena voluntad en la búsqueda de lo verdadero. Deleuze opone la

6. Deleuze y Guattari, en lugar de seguir la división de Saussure del signo en significante y significado, tomarán la fórmula de Hjelmslev según la cual el signo se desdobla en formas de contenido y en formas de expresión.

amistad al amor y la filosofía al arte. Mientras que la amistad y la filosofía son presa de la buena voluntad, el amor y el arte dependen de los intercambios de signos engañosos, mentiras que como veremos emanan de una homosexualidad críptica.

El segundo nivel de codificación de los signos es el mundo del amor (Deleuze, 1972, 15). Según Deleuze, Proust muestra en la *Recherche* que enamorarse no es sino aprender a reconocer al otro por sus signos específicos. El amor exige la dedicación del amante a una actividad intensa de descodificación de los signos particulares que la amada produce. El amante de la *Recherche* es ante todo un «buscón» de signos, un traductor y un intérprete, que aspira a descodificar los signos del amor en cada encuentro sexual. Pero la descodificación de signos amorosos es paradójica: a medida que el amante aprende a descodificar los signos de la amada, comprende también que el código no ha sido creado por él: «No podemos interpretar los signos del ser amado sin desembocar en estos mundos que no nos han esperado para formarse, que se formaron con otras personas, y en los que no somos en principio más que un objeto entre otros» (Deleuze, 1972, 16). Por ello los mismos signos que un día le invitaron al amor ahora le llevan hasta el dolor de los celos. La descodificación se vuelve así decepción y desencanto cuando los signos de la amada excluyen. Es así que todo el tiempo invertido en el aprendizaje y la descodificación de los signos del otro aparece ahora como tiempo perdido.

Deleuze llamará «contradicción del amor» a esta relación inversamente proporcional entre la descodificación y la verosimilitud del amor: cuanto más sofisticada es la descodificación de los signos del amado, más cerca está el final del amor y la decepción amarga de los celos. Pero es precisamente en este momento en el que Deleuze cambia la dirección en la que parecían moverse los conceptos para definir los celos no sólo como un afecto doloroso, sino como un proceso de conocimiento, como la verdad que justifica la pérdida de tiempo que implica la descodificación. El brote de celos es un momento de revelación crucial en el proceso de aprendizaje serial del amor. Junto al dolor y la pérdida de tiempo, los celos ofrecen al amante, por primera vez, el placer de una verdad más fuerte que el amor mismo: «los celos son más profundos que el amor, contienen su verdad» (Deleuze, 1972, 17). El reconocimiento de un signo como mentira y el desarrollo de los celos como exclusión y, por tanto, como imposibilidad de continuar la descodificación, empujan al amante a abandonar el mundo del amado y a continuar la *Recherche.* Así comienza la primera repetición serial del amor como interpretación de signos. En esta primera aproximación, el amor está condenado a ser simple monogamia heterosexual serial.

Pero esta semiología de los celos no tendría nada de excepcional a no ser por el modo en que Deleuze, leyendo a Proust, resolverá el problema de la repetición y la serialidad (y de paso la cuestión de la monogamia). La profundización de los signos que comienza con el primer brote de celos alcanza su punto de inflexión cuando el amante reconoce que está excluido del mundo de los signos de la amada no de un modo accidental, sino estructural, ya que los signos que la amada produce no están dirigidos a otro hombre (con el que el amante podría medirse y competir), sino a otra mujer. La verdad del amor entre hombre y mujer se dice en forma de mentira. El amor heterosexual, afirmará Deleuze siguiendo a Proust, es el producto engañoso de un intercambio de signos dirigidos a un otro encubierto: el hombre produce signos para otros hombres («signos de Sodoma»), la mujer produce signos para otras mujeres («signos de Gomorra»). El amor aparece así como un campo semiótico de tiro en el que la relación heterosexual es el resultado del encuentro fortuito, pero necesario, de balas cruzadas. «La esencia, en el amor –dirá Deleuze–, se encarna, en primer lugar, en las leyes de la mentira, pero, en segundo lugar, en los secretos de la homosexualidad: la mentira carecería de la generalidad que la hace esencial y significativa si no se ajustara a ésta como a la verdad que oculta. Todas las mentiras se organizan y giran en torno a ella como a su centro» (Deleuze, 1972, 94-95). Como más tarde señalará René Schérer, los amores heterosexuales se caracterizan por su «profundidad superficial», mientras que los amores de Sodoma y Gomorra descubren una «superficie saturada de verdad» (Schérer, 1998, 65).

Así llegamos a comprender por qué el aprendizaje de los signos no depende de la buena voluntad, ni de una suerte de inclinación a la verdad, sino de la violencia de una situación concreta que nos empuja a buscar (Deleuze, 1972, 25). Por ello la amistad y la filosofía, aunque están cerca de la producción de signos homosexuales, carecen de instrumentos adecuados de descodificación puesto que son fundamentalmente actividades «realistas» e ingenuas que no pueden enfrentarse al signo que se ha desdoblado contra sí mismo en forma de mentira. La verdad del amor no es, como querría la filosofía, el presupuesto de la razón, sino el residuo, el detritus, de un proceso de descodificación que sólo encuentra éxito en la medida en que falla. La verdad es el resultado de la violencia que nos obliga a abandonar el placer de la repetición serial del amor, es la necesidad con la que creemos en la mentira y la fuerza con la que la elección del dolor se impone a la voluntad frente a la amenaza de Sodoma y Gomorra. Los celos del otro «homosexual» constituyen el punto de fuga y la línea de divergencia de la repetición serial de los amores heterosexuales.

Finalmente, Deleuze afirma, siguiendo una inercia que sólo encontrará razón de ser en *El anti-Edipo* y que supera la interpretación de Proust: «La homosexualidad es la verdad del amor» (Deleuze, 1972, 95). En este punto el texto alcanza una complejidad injustificada: primero, Deleuze denomina amores «intersexuales» a las relaciones heterosexuales diseñando una oposición entre intersexuales y homosexuales que remite al lenguaje médico de finales del siglo XIX,[7] y a la que Deleuze no prestará atención explícita.[8] Y segundo, la homosexualidad se revela en realidad como producto de un hermafroditismo originario, siendo todo «amor intersexual» el acoplamiento de dos cuerpos hermafroditas: «En el infinito de nuestros amores está el hermafrodita original, pero el hermafrodita no es el ser capaz de fecundarse a sí mismo, pues en vez de reunir los dos sexos los separa; es la fuente de la que manan continuamente las dos series homosexuales divergentes, la de Sodoma y la de Gomorra. Es el que posee la clave de la predicción de Sansón: "Los dos sexos morirán cada uno por su lado." De tal modo que los amores intersexuales son sólo la apariencia que recubre el destino de cada uno, escondiendo el fondo maldito en el que se elabora» (Deleuze, 1972, 19). Ahora comprendemos distintamente cómo

7. Aunque el discurso médico no será nunca evocado por Deleuze en el análisis de Proust, sería posible establecer una aproximación entre la interpretación de la homosexualidad de Proust (y por derivación de Deleuze) y la teoría del Tercer Sexo de Karl Heinrich Ulrichs. He desarrollado esta conexión en «Devenir Urning» (manuscrito no publicado).

8. En *El anti-Edipo,* Deleuze preferirá el lenguaje de la heterosexualidad al de la intersexualidad.

la homosexualidad es la verdad del amor: «la verdad del amor es, en primer lugar, la compartimentación [*cloisonement*] de los sexos» (Deleuze, 1972, 94). La homosexualidad, antes de ser identidad o práctica, es estructura: separación originaria de los sexos que funda el teatro del amor heterosexual.

En respuesta quizás a esta complejidad, Deleuze añade una segunda parte a *Proust y los signos* en 1970 que titulará «La máquina literaria», en la que incluirá no sólo la distinción proustiana entre la homosexualidad griega y la homosexualidad judía, sino también el análisis de los dos tropos fundamentales de la homosexualidad en Proust (que serán centrales para el esquizoanálisis), el modelo vegetal y el eléctrico-mecánico. En esta segunda parte, Deleuze incluirá también la distinción entre la *homosexualidad global y específica* y la *homosexualidad local y no específica.* Esta distinción se hará temática en la oposición entre *homosexualidad molar y molecular* en *El anti-Edipo.* Por último, la homosexualidad, en la figura de Charlus, se revelará como una de las máquinas literarias más potentes, anticipación de lo que serán en *El anti-Edipo* y en *Mil mesetas* los objetos parciales, las máquinas deseantes y los cuerpos sin órganos.

La homosexualidad para Deleuze no se explica por los signos autónomos que produce, sino por referencia a una unidad originaria, a una mitología vegetal fundadora: «es aquí donde el tema vegetal toma su sentido, en oposición a un Logos gran Viviente: el hermafroditismo no es la propiedad de una totalidad animal hoy perdida, sino el tabique actual entre los dos sexos de una misma planta: "el órgano masculino está separado por un tabique del órgano femenino" [...] Un individuo de un sexo dado (pero nunca se es de un sexo dado más que global o estadísticamente) lleva en sí al otro sexo con el que no puede comunicar directamente» (Deleuze, 1972, 141). Tanto la homosexualidad como la heterosexualidad son producto de una arquitectura disciplinaria que al mismo tiempo separa los órganos masculinos y femeninos y los condena a permanecer unidos. Así toda relación intersexual (es decir, heterosexual) es el escenario del intercambio de signos hermafroditas entre almas del mismo sexo, «una comunicación aberrante que se produce en una dimensión transversal entre sexos separados por tabiques» (Deleuze, 1972, 142). Ésta es la relación que Deleuze denominará «homosexualidad molecular»: «no una homosexualidad global y específica donde los hombres se dirigen a los hombres y las mujeres a las mujeres separados en series, sino una homosexualidad local y no específica en la que el hombre busca lo que hay de hombre en la mujer y la mujer busca lo que hay de mujer en el hombre, y esto en la contigüidad separada de los dos sexos como dos objetos parciales» (Deleuze, 1972, 142-143).

Deleuze ha efectuado ya, cuidadosamente, dos sustituciones estratégicas: primero, donde habría de decir heterosexualidad dice intersexualidad; segundo, ha dado el nombre de «homosexualidad local o molecular» a una forma particular de estas relaciones intersexuales. El tercer desplazamiento de significados, más violento e injustificado, establecerá una ecuación entre la «homosexualidad molecular» y lo que Deleuze llamará «transexualismo» (Deleuze, 1972, 144). No habría de sorprendernos en este punto que Deleuze tome la noción de «transversalidad» para explicar esta forma específica de homosexualidad. Será Charlus quien llevará a cabo el trabajo de la transversal, actuando como «insecto polinizador» y fecundando los sexos de un modo que ciertamente habrá de complicar el discreto intercambio de los signos deleuzianos.

Detengámonos un momento en Charlus, y sigamos, a *través de él,* la transición entre las dos partes de *Proust y los signos* (entre las que median seis años de diferencia y la presencia cada vez más constante de Guattari en la obra de Deleuze), o mejor entre la afirmación «la homosexualidad es la verdad del amor» y la restricción de la homosexualidad a su modalidad molecular a partir de 1970.

Deleuze parece oscilar, atraído por Charlus, entre dos lecturas opuestas de la homosexualidad. Por una parte, la homosexualidad se presenta como el escenario doloroso en el que se muestra la separación originaria de los sexos. Charlus exhibe la división y lleva a cabo la polinización que aspira a reunir los sexos compartimentados. En este sentido, el homosexual es ante todo una figura pedagógica, un espejo en el que el heterosexual observa sin peligro el devenir del signo y la separación hermafrodita de su propio sexo, como si de otro se tratara. Charlus es una lente, un método de conocimiento, un instrumento de representación de los mecanismos que fundan el amor heterosexual. Por otra parte, Charlus parece anunciar la disolución de los géneros, el final del sexo como acoplamiento de órganos, y, de alguna manera, amenaza la distinción misma entre homosexualidad y heterosexualidad.

Charlus no es sólo el personaje homosexual por excelencia de la *Recherche,* sino, y sobre todo, el nombre paradigmático de la homosexualidad masculina; el narrador de la *Recherche,* al reconocer en otros hombres los rasgos afeminados de la homosexualidad, dirá: «Es un Charlus.» Charlus es un pliegue de signos engañosos, un nudo gordiano de codificación y descodificación. El cuerpo de Charlus, saturado de signos, se ofrece al trabajo de la descodificación como un texto hecho de carne. En la descripción de Charlus como entramado de signos, Deleuze se aproxima curiosamente a la explicación que más tarde hará Eve K. Sedgwick de la dialéctica de mostración/ocultación que caracteriza la «epistemología del armario» (1990). El homosexual se muestra precisamente a través de los mismos signos que le disimulan: «los gestos, las miradas, los silencios, las posturas son las cifras hablantes de un jeroglífico» (Schérer, 1998, 65). Charlus no es simplemente un emisor de signos (engañosos), sino que su esencia misma es ser signo. Sin embargo, esta inflación semiótica no se resuelve en significación. Si la homosexualidad es para Deleuze una forma superior de conocimiento es precisamente porque en ella se expresan y se disuelven todas las contradicciones de la metafísica occidental: en la figura de Charlus, víctima sacrificial de un ritual semiótico, se produce el giro del plano vertical de la verdad como oposición entre el significante y el significado, entre lo bajo y lo elevado, entre lo femenino y lo masculino. Éste es el primer momento de la perversión: *inversión* nietzscheana de todos los contrarios, transvaloración de todos los valores. Pero la perversión es sobre todo, en un segundo momento, *torsión* del plano vertical de la verdad, alteración de la correspondencia entre los signos y la verdad transcendental que éstos parecen invocar. El plano horizontal de la homosexualidad es un teatro en el que los signos circulan sin referente transcendental. Del mismo modo que el esquizofrénico se entrega al flujo de la cadena de significantes sin sentido, Charlus *goza* del devenir de la simulación; quizás por ello, Deleuze y Guattari afirmarán en *El anti-Edipo:* «Charlus está ciertamente loco» (Deleuze y Guattari, 1985, 329).

Charlus es al mismo tiempo la encarnación del hermafrodita vegetal y del insecto polinizador que lleva a cabo la comunicación de los sexos separados. Pero esta fecundación que Deleuze llamará «transexual» es descrita de un modo contradictorio: «Pero todo se complica porque los sexos separados, compartimentados, coexisten en un mismo individuo: "Hermafroditismo inicial", como en una planta o en un caracol, que no pueden fecundarse a sí mismos, pero que "pueden serlo por otros hermafroditas". Ocurre entonces que el intermediario, en lugar de asegurar la comunicación del macho y la hembra, desdobla cada sexo consigo mismo. Símbolo de una autofecundación tanto más emocionante cuanto que es homosexual, estéril, indirecta» (Deleuze, 1972, 94). Charlus no pertenece al orden del individuo, se sitúa más allá (o más acá) del sujeto unisexuado, en un espacio botánico donde se encarga de llevar a cabo el trabajo de la polinización. Esquiva, gracias a la polinización anal, el dilema sexual del Edipo: «Edipo no debe saber si está vivo o muerto, si es hombre o mujer, antes de saber si es padre o hijo. Incesto: serás zombi y hermafrodita» (Deleuze y Guattari, 1985). Charlus fecunda sin necesidad de irrumpir en la filiación del padre y el hijo. Entrega el ano y evita el incesto: posibilidad de una generación que escapa a la repetición cruel de la reproducción sexual. Sin duda ahora podemos concluir que lo que fascina a Deleuze, y lo que denominará «homosexualidad molecular» en *El anti-Edipo* es la habilidad del homosexual, insecto polinizador, de llevar a cabo un proceso de fecundación, de generación y de creatividad entre aquellos que de otro modo serían estériles.

Charlus es el gran insecto polinizador, el que establece conexiones fecundantes entre los hermafroditas. El que hace el trabajo paradójico de la «fecundación estéril».[9] El

9. Si para Deleuze Charlus es el insecto polinizador y la máquina deseante, para Guy Hocquengem Charlus es sobre todo el «gran culo» y la «máquina de follar».

Charlus-molecular se sitúa antes y después de la historia, antes de la evolución animal que conduce al hombre y después de la humanidad como genealogía heterosexual edípica, acercándose al orden sin sentido del antilogos: el orden de la máquina, del arte, del pensamiento. No se identifica ni con la culpa ni con el gueto,[10] no se deja absorber por «las dos asociaciones malditas que reproducen las dos ciudades bíblicas», Sodoma y Gomorra. Ahora aparece más clara la distinción entre el Charlus molar y el Charlus molecular, entre la paranoia y la esquizofrenia, entre la homosexualidad-identidad y la homosexualidad-transversal: «Se trata más bien de la diferencia entre clases de colecciones o de poblaciones: los grandes conjuntos y las micromultiplicidades. Toda catexis es colectiva, todo fantasma es de grupo, y en ese sentido, posición de realidad. Pero los dos tipos de catexis se distinguen radicalmente [...] una es catexis de *grupos-sometido,* tanto en la forma de soberanía como en las formaciones coloniales del conjunto gregario, que suprime y reprime el deseo de las personas; la otra, una catexis de *grupo-sujeto* en las multiplicidades transversales que llevan el deseo como fenómeno molecular, es decir, objetos parciales, flujos, por oposición a los conjuntos y las personas» (Deleuze y Guattari, 1985, 290).

El Charlus molecular está hecho de devenires incesantes: deviene-mujer, deviene-animal, deviene-flor, deviene por un instante flujo que entra y sale del ano, pero no se identifica ni con la mujer, ni con el insecto, ni con la flor,

10. Sobre el tema de la culpa y la conciencia depresiva de la ley véanse Gilles Deleuze, *Proust y los signos, op. cit.,* pp. 136-139; Gilles Deleuze, *Le Froid et le cruel.* Présentation de Sacher-Masoch, París, Minuit, 1967, capítulo VII; Gilles Deleuze, *El anti-Edipo, op. cit.,* pp. 47-49; René Schérer, *Regards sur Deleuze,* París, Klimé, 1998, pp. 71-73.

ni con la mierda. Charlus es molecular porque cuando da por el culo fecunda.

La molecularidad vendrá a restringir la homosexualidad a fecundación, generación y creatividad.[11] En este sentido, un acto de creación supondría una cierta «fecundación estéril» entre «autores» del sexo masculino, una generación inocente, vegetal, mecánica, virginal, pero... anal. Quizás por ello una de las definiciones más citadas de la creación filosófica en Deleuze (que curiosamente se encuentra en la respuesta de Deleuze a Cressole) toma la forma de una «inseminación por la espalda»: «La historia de la filosofía podría entenderse como una forma de "encular" [*encoulage*] o, lo que es lo mismo, una inmaculada concepción. Me imagino llegar por la espalda de un autor y hacerle un hijo, que será el suyo y que será por tanto monstruoso» (Deleuze, 1995, 14. Traducción ligeramente modificada). La historia de la filosofía aparece así como una cadena de fecundaciones anales entre homosexuales moleculares sin gueto y sin culpa. Es decir, entre varones «intersexuales» que tienen sus propios guetos heterosexuales pero que se reproducen entre ellos en un circuito hermafrodita que escapa a las leyes de la reproducción sexual.[12] Más allá de la maldición de

11. Deleuze conoce a Guattari en 1969 y queda impresionado por alguien que no siendo filósofo de formación «encarca la filosofía en estado de creatividad». A partir de este momento, Deleuze y Guattari trabajarán juntos en varios proyectos durante más de dos décadas. Gilles Deleuze, «Entrevista», *Libération,* 12 de septiembre de 1991. En *Tombeau de Gilles Deleuze,* Yannick Beaubatie (ed.), París, Mille Sources, 2000.

12. Habría que volver aquí a los escritos de Otto Weininger, de Nietzsche, de Freud, de Lacan... para descubrir la pregunta por la heterosexualidad escondida tras las investigaciones sobre la feminidad, la diferencia sexual o la homosexualidad (véase el análisis sobre Weininger, Nietzsche y Freud de Slavoj Žižek en *Metastases of Enjoyment,* Nueva York, Verso, 1995). La heterosexualidad molar es la verdad de la «homosexualidad molecular».

la generación «natural» que parece dominar a Edipo (reproducción uterina que encadena al hombre a la filiación de Eva y por tanto a la culpa y a la identidad), la homosexualidad abre el ano molecular a una fecundación artificial y monstruosa. Los filósofos anales de la historia están encadenados por el flujo textual de una margarita que une los anos y las pollas, que interpreta y traduce. La filosofía es por tanto una forma de inseminación artificial por medio de la cual el ano semiótico deviene útero (mujer) y más tarde insecto polinizador (animal) y así una y otra vez, incesantemente. «Todo ocurre en zonas oscuras donde penetramos como en criptas, para descifrar allí jeroglíficos y lenguajes secretos. El egiptólogo es aquel que recorre una iniciación –el aprendiz» (Deleuze, 1972, 107-108). El filósofo, como buen egiptólogo frente al flujo de signos, deviene matrona-proptólogo que echa al mundo la progenitura de los que se amaron hasta ser estériles.

De pronto el problema de interpretación que parecíamos perseguir durante todo el texto se invierte: no se trata de saber por qué Deleuze y Guattari se han autoafirmado como «homosexuales moleculares», sino de entender por qué no pudieron en 1970 hacer su *coming-out* como heterosexuales.

Anexos

DILDO

Encontramos restos escritos relativos a la producción de juguetes sexuales similares al dildo que datan del siglo III a. C. Mileto, ciudad floreciente de Asia Menor, era famosa entre los griegos por la fabricación y exportación de *olisbos.* El *olisbos* era considerado en su época «una imitación del miembro viril» realizada en madera o en cuero relleno, que debía untarse generosamente con aceite de oliva antes de su utilización. A juzgar por diversos documentos escritos, el *olisbos* era utilizado por muchas mujeres para la masturbación, como compensación a una sexualidad sin cuidado específico del placer femenino, pero también por mujeres que los griegos denominaban *tribadas,* en actividades sexuales que excluían la presencia de los hombres (véase Reay Tannahill, *Sex in History, op. cit.,* p. 99).

El diccionario histórico de la lengua francesa *(Le Robert)* señala la aparición de las palabras *godemichi* (1583) y *godmicy* (1578) para nombrar objetos destinados a la producción de placer sexual. *Gode* puede significar «oveja que ya no está preñada» u «hombre blando y afeminado». En estas acepciones el dildo parece remitir no sólo a la producción de placer, sino también a una feminidad masturbadora y, por consiguiente, estéril y falsa en relación con la utilización de los órganos sexuales en el llamado «coito natural». Huguet y Rey señalan dos etimologías posibles para la palabra *godemiche:* la primera derivaría del latín medieval *gaudere* o *gaude mihi,* que quieren decir «gozar»; *goder* significa «gozar» o bien «estar excitado sexualmente»; la segunda vendría de la palabra catalana *gaudameci,* en referencia al «cuero de Ghadames» del que se hacían los dildos. En castellano, encontramos acepciones similares para las palabras *godeo, godesco* y *godible* que, sin embargo, en ningún momento han servido para nombrar el dildo. Según Pierre Guiraud, el término *godemiché* podría derivar de *goder* («bromear», «engañar») y de *Michel,* un nombre de connotación erótica en el siglo XVI. Alrededor de 1930, *gode* se utiliza como abreviación de *godemiché* con la significación de «falo artificial» *(Le Robert).* Me permito señalar aquí que la edición francesa de la *Encyclopaedia Britannica,* en su edición de 1980, elude mencionar *godemiché* entre *Godard* y *Goethe.*

En inglés, el término *dildo* hace su aparición en el siglo XVI, y parece derivar del italiano *diletto,* que quiere decir «placer» o «goce». En el inglés clásico la forma verbal *to dudo* significa «acariciar» a una mujer sexualmente. Aparentemente, los *dildoes* eran fáciles de encontrar en Inglaterra durante los siglos XVII y XVIII. Por ejemplo, un tratado clásico sobre los hermafroditas *(Tractatus de Hermaphroditis,* 1718) señala la existencia de mujeres que vivían con otras mujeres que se hacían pasar ilegalmente por hombres. El autor del tratado las denomina *female husbands,* «maridos femeninos», y dice que éstos utilizaban *dildoes* para «compensar la falta de pene». Entre las escabrosas narraciones de la medicina forense de la época, se cuentan las anécdotas de la sorpresa de todos (incluidas sus esposas) cuando el verdadero «sexo» del «marido» era descubierto después de su muerte.

En el argot del siglo XIX, el significado de *dildo* era «pene artificial» o «instrumento hecho de cera, cuerno, cuero, caucho, etc., que tiene la forma de un sustituto del pene y que las mujeres utilizan como tal». Pero la palabra *dildo* puede también tener el sentido de «estúpido» o «idiota» (John S. Farmer, *Diccionario de argot inglés,* 1982). Más allá de las diferentes etimologías posibles, encontramos dos sentidos recurrentes y principales: *dildo* y *gode* remiten o bien a «un objeto que es un sustituto del pene en la penetración vaginal» o bien a un «hombre blando y afeminado». Por otro lado, hay que señalar que el *dudo* es también un cactus muy espinoso de flores rosas que crece en zonas desérticas del continente americano.

Curiosamente no encontramos en el diccionario etimológico de la lengua española ninguna palabra que cubra el significado de *dildo* o *godemiche.* Hemos renunciado a las fórmulas «consolador» y «cinturón polla» o «polla de plástico». La primera palabra no se usa en la cultura sexual lesbiana para hablar del dildo. En lugar de «consoladores» hablaremos aquí de «vibradores». Puesto que el presente estudio me ha permitido concluir que la mayoría de los juguetes sexuales que se agrupan bajo la denominación *dildo* no son ni pretenden ser una mera imitación en plástico o silicona de una «polla» (algunos de ellos están más cerca de una mano o una lengua prostética, por ejemplo), he preferido castellanizar la palabra *dildo* que se usa ya en la cultura gay y lesbiana en España y en América del Sur, y dejar de lado los términos anticuados y reductores «polla de plástico» y «cinturón polla».

La formación de la palabra *dildo* en castellano estaría

etimológicamente justificada por la relación con la palabra latina *dilectio,* amor, goce, de la que derivan entre otras la palabra *dilección,* voluntad honesta y amor reflexivo. De hecho, esta última acepción me ha parecido una buena significación para *dildo:* amor reflexivo.

PRÓTESIS, MON AMOUR[1]

A Zigzag

La historia que os voy a contar narra cómo las primeras bollos *butch* aparecieron sobre la Tierra. Todo empezó cuando el ordenador no era sino una penosa máquina de guerra, hecha de cientos y cientos de fichas taladradas. Yo no me acuerdo. Pero tenéis que creerme: éste será un giro irreversible en la monótona evolución de los cuerpos de los varones y las féminas.

2 de septiembre de 1945. La primera *first lady* lesbiana, Eleanor Roosevelt, recibe en su armario ministerial a los soldados blancos y negros que vuelven del frente. ¡Pobrecitos! No les espera nadie en casa. Las mujeres mayores y las recién casadas, las blancas y las negras, todas habían aprendido a trabajar en la fábrica durante la guerra. Habían sobrevivido como amazonas de la era in-

1. Este texto fue publicado por primera vez, independientemente del *Manifiesto contrasexual,* en francés en *Attirances. Lesbiennes Fems/Lesbiennes Butch,* Christine Lemoine e Ingrid Renard, eds., París, Éditions Gaies et Lesbiennes, 2001.

dustrial: por primera vez, habían alimentado a la nación con grasa de máquina y no con leche.

Los Estados Unidos se habían apresurado a enviar a sus muchachos, con sus caras imberbes y sus culos suaves, a la Segunda Guerra Mundial a poner orden entre los pueblos. Quién iba a decirle a la Nación que sus soldaditos eran tan sucios como los comunistas o los maricones. Pero tanto los soldados americanos como los europeos, los aliados como los enemigos, habían escuchado la llamada del Ano. Habían descubierto al mismo tiempo la violencia de los obuses y el delicado tacto rectal de las porras. La guerra, sí, he dicho la guerra, habría de dar lugar al nacimiento de las primeras comunidades homosexuales en Estados Unidos. ¿Cuáles iban a ser los numerosos efectos secundarios de esta producción simultánea de guerra y homosexualidad? ¿Cómo evitar desde entonces la militancia? ¿Qué íbamos a hacer para distinguir entre las futuras comunidades sexuales y los escuadrones?

Algunos soldados habían perdido uno o varios miembros. Las fábricas de guerra se habían transformado en industrias de fabricación de brazos y piernas artificiales para reparar los cuerpos mutilados en combate. De las mismas máquinas de donde antes salieron las metralletas y las bombas, saldrán ahora las nuevas piernas prostéticas articuladas. Charles y Ray Eames, dos de los arquitectos más importantes de los cincuenta, entendieron que la transición de la guerra a la paz implicaba la transformación y el reciclaje de las armas en nuevos objetos para la naciente y confortable sociedad de consumo. Así, con el mismo material plástico con el que se hacían las tablillas contrachapadas que sujetaban los miembros de los soldados heridos en la batalla, los Eames fabricarán las sillas multicolor que poblarán los colegios y los salones americanos. La plasticidad y el bajo precio de los materiales serán los imperativos del nuevo mercado. Incluso las latas de conservas, que habían sido inventadas como aprovisionamiento para un tiempo de guerra, se convertirán ahora en aliados indispensables de la moderna ama de casa.

La huella de la bomba *Little Boy* quedó impresa sobre una película en nitrato de plata y fue simultáneamente tatuada sobre cada uno de los cuerpos de Hiroshima, ese 6 de agosto de 1945. Tecnologías de la representación y tecnologías de la guerra: el mismo combate. Un único e idéntico proceso tecnológico está detrás de la fabricación de la moderna pareja americana heterosexual, del cuerpo insaciable del consumidor, de la televisión y sus imágenes pronto saturadas de color, del plástico moldeado a escala industrial, del automóvil y de las autopistas que le llevarán hasta las zonas residenciales, de la píldora, del diagnóstico prenatal y de la bomba H. Yo no he visto nada. Pero sé que Marilyn y Elvis eran dos cuerpos perfectamente plásticos, carburados por las drogas, tan plásticos como el vinilo en el que se grabarán sus voces. Esos cuerpos lisos y radiantes nacieron de las cenizas de Hiroshima. Los nuevos prototipos hollywoodienses de la masculinidad y de la feminidad eran ya tan artificiales que nadie hubiera sido capaz de apostar un dólar para demostrar que Elvis no era un *drag king* o Marilyn una transexual siliconada. Años más tarde, el Caesar Palace de Las Vegas organizará un concurso de Marilyns y de Elvis, imitaciones modélicas de sus héroes de plástico, venidos de todo el país.

Es así como después de la guerra, el Capital, el más grande de los sistemas prostéticos, se puso a devorar y a comercializar las producciones de la identidad sexual.

Tanto los objetos de consumo ordinario como las piernas prostéticas y los pechos de silicona se producen ahora a escala industrial siguiendo procesos semejantes de diseño, producción y venta. Los cuerpos hacen culturismo, se reconfiguran, se chutan, se irradian, se plastifican, se vitaminan, se hormonan... Las performances de género pertenecen a este nuevo cuerpo del Capital, son el nuevo mecanismo de reproducción sexual-industrial. El éxito de la nueva máquina capitalista depende de su capacidad para poner la plasticidad de los materiales y los cuerpos al servicio de la producción del nuevo consumidor. Después, poco a poco, esta plasticidad alcanzará dimensiones globales. La tierra misma se convierte entonces en una gran industria biopolítica. Detrás de esta fabricación se esconde la narración heterosexual y colonial que justifica la reproducción *ad aeternum* del cuerpo mecánico de los hombres y de la carne natural (y comestible) de las madres.

producción en masa de objetos de consumo =
nueva cultura del cuerpo plástico =
nuevas performances de género

Mientras Nixon vendía lavadoras a la URSS, las lesbianas americanas comenzaban en secreto a trabajar sus músculos como antes lo habían hecho los soldados, y a proveerse de prótesis que asustaban a sus papás. En poco tiempo, comprobaron que los músculos y los dildos les quedaban bien. En las calles de las grandes ciudades, de San Francisco a Nueva York, cerca de los lugares donde las transexuales vendían sus tetas moldeables a los turistas, se abren los bares donde las primeras *butch,* con sus botas de goma y sus dildos de caucho, encuentran a las primeras *fems*. ¿Quién podría negarse a comerse una polla de plástico cuando a lo largo de todo el país los objetos y los cuerpos se plastifican y se (de)coloran?

En medio de casas prefabricadas y robots de cocina, la *butch* aparece como un cuerpo de diseño, si bien técnicamente simple y asequible, sofisticado y costoso en términos sociales y políticos. Como si hubiera sido sometida a la misma transformación que el capitalismo tecnopatriarcal, el cuerpo retrolesbo de los cincuentra muta al ritmo de la máquina. La *butch* no vino hasta nosotros, humanos naturales de todo tipo, a bordo de un ovni. Tampoco desembarcó de un Sputnik comunista. Creció en la fábrica. Triplemente oprimida, a causa de su clase, de su género y de su deseo sexual, la *butch* está más cerca de la objetivación de las máquinas que de la supuesta subjetividad de los seres humanos. Es proletaria y guerrillera. No tiene miedo a poner su cuerpo en juego. Conoce bien el trabajo manual.

La antropología colonialista de posguerra, heredera del laboratorio-campo de concentración, nos dice que el primate abandonó su condición animal gracias a la liberación del pulgar, que le permitió fabricar el instrumento y manejar el arma. Pues bien, para completar esta ficción al servicio de la mano del varón blanco europeo, podríamos decir que la *butch* abandonó su condición femenina gracias a su mano trabajadora. La mano que traiciona la feminidad por el gesto indecente, desplazado, inconveniente, por la incorporación de los instrumentos de trabajo, por su excelencia en la manipulación, por su facultad inesperada para acoplarse con la máquina, por su facilidad para hacer la fontanería del cuerpo, por su fuerza tierna...

Raramente, en medio del aburrimiento que proporciona la repetición de las actitudes de género, de las posiciones de los cuerpos, de los gestos sexuales y del zumbido monótono de los gritos orgásmicos, se produce un acontecimiento, una tentativa desesperada de reescribir las leyes de la cartografía anatómica, de cambiar de piel, de llamar al placer por otro nombre. La *butch* es ese acontecimiento. Introduce una deriva en la evolución del cuerpo heterosexual.

Hija de una época posmetafísica, se vuelve ladrona de tecnología al darse cuenta de que el gesto de la mano, la utilización de instrumentos y la propiedad de las máquinas no están naturalmente vinculados con una única esencia, ya sea femenina o masculina. Como una espía indiscreta, irrumpe en el frío salón en el que el matrimonio heterosexual ve la tele y cría a sus hijos, y roba las prótesis que permitían a los hombres disfrazar su dominación de naturaleza. Su más bello golpe es haber sido capaz de simular la masculinidad. Su más hábil estrategia, el contrabando de accesorios para fabricar el género. En primer lugar, la camiseta blanca, los pantalones chinos,[2] el cinturón de cuero, las fajas para aplanar el pecho, la gomina para fijar los cabellos hacia atrás... Pero también los aparatos que multiplican el movimiento y la comunicación: primero la moto, luego la máquina de escribir, la cámara, el ordenador... Primero el dildo, luego las hormonas, la carne misma.

En un primer momento, la *butch* no fue sino una inversión de género puesta al servicio de la *fem* (la *butch* es el «novio perfecto», el «príncipe azul» que todas las chicas

2. El chino es el pantalón mítico de las *butch* americanas de los años cincuenta. En su origen, este pantalón recto de pinzas era utilizado por los empleados y los militares. En nuestros días, su equivalente son los *dickies*.

han soñado). Después escapa a los constreñimientos de la feminidad heterosexual y lleva su transformación al límite para librarse de su *telos* aparente: el cuerpo masculino. Aun cuando se asiste a una masculinización de las actividades de la *butch* ligada a la utilización de diversas prótesis más o menos sofisticadas que durante mucho tiempo fueron privilegio de los hombres, en ningún caso esta utilización da lugar a los mismos efectos de dominación. La prótesis no es esencia. Es tránsito. Es efecto múltiple y no origen único. No existe más que en un contexto concreto: el del injerto. Los instrumentos y las herramientas, separados de las prácticas de poder ligadas a la masculinidad, constituyen el objeto de una descontextualización contrasexual.

En la historia de la cultura sexual, la *butch* es aquella que inventa el sexo conceptual para las obreras. Recicla sus órganos en máquinas sáficas. ¡Cha-cha-cha-uh-uh! ¿Cómo follar sin hombres y sin mujeres? No hay sexo *butch-fem* fuera de una deriva de los roles sexuales y de género, de un cierto compromiso prostético. Placer/dolor, cortar/pegar, *top/bottom, butch/fem* no son sino vectores divergentes, matrices operacionales, cifras variables de un deseo múltiple.

ϒϒϒ

La *butch* se ha hecho a sí misma. Es más fría que la guerra, más dura que la piedra. La llaman *Stone Butch.* Intocable, administra una economía de recesión *contrasexual,* consagrando un espacio mínimo de su cuerpo (femenino) al placer. Produce la máxima cantidad de placer fuera de su cuerpo, en un espacio diferido, a la vez plástico y carnal. A la *butch* ni se la toca ni se la penetra. Yo no he visto nada, pero sé que el placer no viene del cuerpo, ya sea masculino o femenino, sino de la encarnación prostética, del interfaz, ahí donde natural y artificial se tocan.

Pero la *butch* es también el resultado de un cortocircuito entre la imitación de la masculinidad y la producción de una feminidad alternativa. Su identidad surge precisamente de la desviación de un proceso de repetición. Aparentemente masculina, con su pelo rapado y su cigarrillo en la mano, la *butch* se reclama heredera de una masculinidad ficticia, que ni ha sido ni puede ser encarnada por los hombres (puesto que éstos creen en la masculinidad), y que sólo una bollo puede representar e imitar con éxito.

Por ello, la *butch* está en las antípodas del despliegue de la masculinidad heterosexual. De piedra y sin embargo sensible, dura y sin embargo tierna, intocable y sin embargo multiorgásmica. Su cuerpo, negado y magnificado al mismo tiempo, se hace follar sin ser penetrado, penetra sin follar.

Los estereotipos de la masculinidad y la feminidad heterosexual no sirven para caracterizar las permutaciones de la sexualidad que se producen en el encuentro *butch-fem*. Joan Nestle, la más carismática de las *fems* de los setenta, cuenta que una verdadera *fem* no sale a la calle sin llevar su dildo en el bolso de mano. Es la *fem* la que ata cuidadosamente el dildo a la cintura, al brazo o a la pierna de la *butch*. La *butch* sin la *fem* no tiene sexo. La *butch* folla a la *fem* con el dildo que ésta le ha dado. ¿Cómo estabilizar la deriva de los órganos? ¿A quién pertenece el dildo? ¿Quién es entonces el cuerpo penetrado? ¿Dónde se produce el acontecimiento de la incorporación?

El dildo de la *butch* no es sino una prótesis entre otras que prolonga y aumenta la capacidad ya confirmada de su mano trabajadora. El dildo es ante todo una máquina manual a la cual la *butch* aporta su impulso motriz. Basta con injertar esta mano experta en el tronco de la *butch* para que se convierta en una prolongación plástica de la pelvis. La *butch* de los años cincuenta ya es *queer,* porque reconoce su condición prostética. Mientras que el macho aún sigue persuadido de su superioridad natural.

La prótesis no viene a compensar fantasmáticamente una falta, no es alucinatoria ni delirante, sino que, como los senos en el torso desnudo del presidente Schreber, constituye una banda de intensidad productiva.[3] La metafísica de la falta, que comparten ciertas teologías y ciertas formas del psicoanálisis, nos querría convencer de que a todos nos falta algo. Nos dicen que el mundo está en orden porque a las mujeres les falta el pene, porque los hombres no tienen uterosenos, porque a los hombres y a las mujeres les falta el «falo trascendental» –o el megadildo–. Nos dicen que a los animales les falta el alma, y que a las máquinas cibernéticas les falta la carne y la voluntad que las conexiones eléctricas vienen a compensar con un exceso de información... No nos falta nada. Deleuze y Guattari ya lo habían dicho. No nos falta ni el pene, ni los senos. El cuerpo es ya un territorio por el que cruzan órganos múltiples e identidades diversas. Lo que nos faltan son las ganas, lo demás todo está de sobra.

Ésa es la especificidad de la *butch,* su deseo productivo. Mientras todo parecía indicar que un marimacho era una simple imitación de la masculinidad, la compensación de una «falta», la *butch* toma la iniciativa y produce cuerpos.

La *butch* de los años cincuenta es un ciborg sexual *low-tech,* hecho en la fábrica y operado en el hogar. Su identi-

3. Gilles Deleuze y Félix Guattari, *El anti-Edipo, op. cit.,* p. 27.

dad es un artefacto: un tejido transorgánico hecho de piezas sueltas tomadas de los despojos de la heterosexualidad. Su cuerpo es un espacio privilegiado para la implantación y el desplazamiento de nuevos órganos sexuales. La *butch* es al mismo tiempo un aparato y un terminal donde otras prótesis pueden conectarse. Como Monique Wittig, no tiene vagina. Su sexo no es genital. Su cuerpo no es el objeto anatómico de la ginecología o la endocrinología. Alterando la reproducción del orden heterosexual, introduciendo un corte en la cadena de la imitación de la naturaleza, la *butch* se sale de las leyes de la evolución. Es poshumana y posevolutiva. Se trata de una mutación política que tiene lugar en las células, en los órganos...

Pero este momento revolucionario no tuvo nada de futurista ni de utópico. No hubo ningún glamour. Las primeras *butch* no estaban de moda, no eran *hip,* ni *cool.* Eran cuerpos de brazos musculosos y piernas robustas que al pasar por la calle suscitaban comentarios en voz baja: «Mira ese marimacho», «Ésa es una camionera», «Ésa es una tortillera de mierda que se cree un tío».

Unos cantan: ♫ ♫ ♫ LA *BUTCH* ES FEA ♫ ♫ ♫

Otras responden: ♫ ♫ ♫ LA *BUTCH* ES SEXY ♫ ♫ ♫

La fealdad prostética es la nueva estética del cuerpo lesbiano.

Complementos, dildos, implantes, drogas, hormonas...: otras tantas prótesis, otras tantas zonas de producción del género. La prótesis es el acontecimiento de la incorporación. Históricamente, el único modo de «ser cuerpo» en nuestras sociedades posindustriales. La prótesis no es abstracta, no existe sino aquí y ahora, para este cuerpo y en este contexto. Yo no he visto nada, pero sé que, en el siglo XXI, todos los géneros serán prostéticos: la masculinidad, la feminidad serán términos que designen estructuras históricas (y quizás caducas) de incorporación. Por ello, la *butch,* en cuanto cuerpo prostético, no es una excepción, sino parte de un proceso de producción de identidad generalizado. El machito español no es menos prostético que la tortillera, las curvas de Pamela Anderson no son menos artificiales que las (¡tan gloriosas!) de Bibi Andersen.

Conscientes o no, como la Agrado de Almodóvar, todos estamos a la espera de la transproducción prostética de nuestros cuerpos: de un nuevo módem, de un marcapasos, de un trasplante de médula, de nuevos cócteles anti-virales, de un *éxtasis* mejor, de una hormona que haga crecer el clítoris y no el vello, de la píldora para hombres, de una Viagra para amas de casa...

Las bollos *butch* del nuevo siglo ya no necesitan parecerse a James Dean, ni les hace falta tener un pito como el de papá. Juegan con la secuencia de ADN que les separa de la evolución heterosexual y MUTAN.

Nueva York, 30 de octubre de 2000

BIBLIOGRAFÍA

ASENDORF, Christoph, *Batteries of Life. On the History of Things and their Perception in Modernity,* Berkeley, California University Press, 1993.

BORNSTEIN, Kate, *Gender Outlaw: On Men, Women and the Rest of Us,* Nueva York, Routledge, 1994.

BUCHANAN, Ian (ed.), *A Deleuzian Century,* Durham, Duke University Press, 1999.

BULLOUGH, Vern, *Sexual Variance in Society and History,* Nueva York, Wiley, 1976.

BUTLER, Judith, *Gender Trouble. Feminism and the Subversion of Identity,* Nueva York, Routledge, 1990 (traducción al castellano, *El género en disputa. El feminismo y la subversión de la identidad,* Paidós, Universidad Nacional Autónoma de México, 2001).

—, *Bodies that Matter,* Nueva York, Routledge, 1993.

—, *Excitable Speech. A Politics of the Performative,* Nueva York, Routledge, 1997.

CALIFIA, Pat, *Sex Changes. The Politics of Transgenderism,* San Francisco, Cleis Press, 1996.

Clinique de chirurgie esthétique St. Joseph, 1003 boulevard St. Joseph Est, Montreal, QC H 2G 1L2 (folleto).

COREA, Gena, *The Mother Machine. Reproductive Technologies from Artificial Insemination to Artificial Wombs,* Nueva York, Harper and Row, 1985.

CREITH, Elain, *Undressing Lesbian Sex,* Londres, Cassell, 1996.

CRESSOLE, Michel, *Deleuze,* París, Éditions Universitaires, 1973.

DELEUZE, Gilles, *Proust et les Signes,* París, PUF, 1964 (traducción al castellano, *Proust y los signos,* Barcelona, Anagrama, 1972).

DELEUZE, Gilles, y GUATTARI, Félix, *Capitalisme et Schizophrénie,* tomo 1, *L'Anti-Oedipe,* París, Minuit, 1972 (traducción al castellano, *El anti-Edipo. Capitalismo y esquizofrenia,* Paidós, Barcelona, 1985).

—, «Sur *Capitalisme et Schizophrénie*», entrevista realizada por C. Backès-Clément, París, *L'Arc,* 49, pp. 47-55, 197 (traducción al castellano, *Conversaciones,* Valencia, Pre-Textos, 1995).

DERRIDA, Jacques, *De la Grammatologie,* París, Minuit, 1967 (traducción al castellano, *De la gramatología,* Madrid, Siglo XXI, 1971).

—, *L'Écriture et la Difference,* París, Seuil, 1967 (traducción al castellano, *La escritura y la diferencia,* Anthropos, Barcelona, 1989).

—, «La Pharmacie de Platon», en *La Dissémination,* París, Seuil, 1972 (traducción al castellano, *La diseminación,* Madrid, Fundamentos, 1975).

—, *Marges de la Philosophie,* París, Minuit, 1972 (traducción al castellano, *Márgenes de la filosofía,* Madrid, Cátedra, 1998).

DEVOR, Holly, *Gender Blending: Confronting the Limits of Duality,* Bloomington, Indiana University Press, 1989.

DONZELOT, Jacques, *La Police des Familles,* París, Minuit, 1977.

FEINBERG, Leslie, *Transgender Warriors: Making History from Joan of Arc to RuPaul,* Boston, Beacon, 1996.

FOUCAULT, Michel, *Histoire de la Sexualité,* tomo 1, *La Volonté de Savoir,* París, Gallimard, 1976 (traducción al castellano, *Historia de la sexualidad. La voluntad de saber,* México, Siglo XXI, 1977).

—, *Histoire de la Sexualité,* tomo 2, *L'Usage des Plasirs,* París, Gallimard, 1976 (traducción al castellano, *Historia de la sexualidad. El uso de los placeres,* México, Siglo XXI, 1986).

—, *Histoire de la Sexualité,* tomo 3, *Le Souci de Soi,* París, Gallimard, 1976 (traducción al castellano, *Historia de la sexualidad. La inquietud de sí,* México, Siglo XXI, 1987).

—, «Les Techniques de Soi», en *Dits et Écrits,* tomo 4, París, Gallimard, 1994 (traducción al castellano, *Tecnologías del yo,* Barcelona, Paidós, 1990).

—, «Le Gai Savoir. Entretien avec Jean Le Bitoux», *Revue H, 2,* automne 1996.

GARBER, Marjorie, *Vested Interests. Cross-dressing and Cultural Anxiety,* Nueva York, Routledge, 1992.

GRACE, Delia, *Loves Bites,* Londres, GMP Limited Publishers, 1991.

GUATTARI, Félix, «A Liberation of Desire. An Interview by George Stambolian», en *Homosexualities and French Literature: Cultural Contex/Critical Texts,* Ithaca, Cornell University Press, 1979.

HABLES GRAY, Chris, FIGUEROA-SARRIETA, Heidi, J. y MENTOR, Steven (ed.), *The Cyborg Handbook,* Nueva York, Routledge, 1995.

HALBERSTAM, Judith, «F2M: The Making of Female Masculinity», en The *Lesbian Postmodern,* Laura Doan (ed.), Nueva York, Columbia University Press, 1994.

—, *Female Masculinity,* Durham, Duke University Press, 1998.

HALPERIN, David, *Saint Foucault, Towards a Gay Hagiography,* Nueva York, Oxford University Press, 1995, p. 86.

HARAWAY, Donna, *Primate Visions: Gender, Race and Nature in the World of Modern Nature,* Nueva York, Routledge, 1989.

—, *Simians, Cyborgs and Women. The Reinvention of Nature,* Nueva York, Routledge, 1991 (traducción al castellano,

Ciencia, cyborgs y mujeres. La reinvención de la naturaleza, Madrid, Cátedra, 1995).

HEUZE, Stephanie, *Changer le corps,* París, La Musardine, 2000.

HOCQUENGHEM, Guy, *Le Désir Homosexuel,* París, Éditions Universitaires, 1972.

—, *L'Aprés-Mai des faunes* (prefacio de Deleuze), París, Grasset, 1974.

KESSLER, Suzanne, J. y Mc KENNA, Wendy, *Gender: An Ethnomethodological Approach,* Chicago, Chicago University Press, 1978.

KESSLER, Suzanne J., «The Medical Construction of Gender. Case Management of Intersexual Infants», en *Sex/Machine. Readings in Culture, Gender, and Technology,* Patrick D. Hopkins (ed.), Indiana, Indiana University Press, 1998.

LACAN, Jacques, «La signification du Phallus», en *Écrits,* Seuil, París, 1966 (traducción al castellano, *Escritos 2,* Buenos Aires, Siglo XXI, 1975).

LIVINGSTON, Ira, «Indiscretions: of Body, Gender, Technology», *Processed Lives, in Gender and Technology in Everyday Life,* Terry Jennifer et Calvert Melodie (ed.), Nueva York, Routledge, 1997.

LYOTARD, Jean-François, «Can Thought Go on without a Body?», en *The Inhuman,* trad. Geoffrey Bennington y Rachel Bowlby, Stanford, Stanford University Press, 1991.

MAINES, Rachel P., *The Technology of Orgasm. Hysteria, the Vibrator and Woman's Sexual Satisfaction,* Baltimore, The Johns Hopkins University Press, 1999.

MCLUHAN, Marshall, *Understanding Media, The Extensions of Man,* Nueva York, MacGraw-Hill, 1964.

MONEY, John, «Psychological Counselling: Hermaphroditism», en *Endocrine and Genetic Diseases of Childhood and Adolescence,* Gardner L. I. (ed.), Filadelfia, Saunders, 1975.

MONEY, John et al., «Micropenis, Family Mental Health and Neonatal Management: A Report of Fourteen Patiens Reared as Girls», en *Journal of Preventice Psychiatry,* 1, 1, 1981.

NAMASTE, Ki, «*Tragic Misreadings»: Queer Theory's Erasure of Transgender Subjectivity, Queer Studies,* Beemyn Brett y Eliason Mickey (ed.), Nueva York, Nueva York University Press, 1997.

NANCY, Jean-Luc, *Corpus,* París, Métailié, 2000.

NEWTON, Esther, *Female Impersonators in America,* University of Chicago Press, 1972.

PANCHASI, Roxanne, «Reconstructions: Prosthetics and the Rehabilitation of the Male Body in the World War in France», *Differences: A Journal of Feminist Cultural Studies,* 7, 3, Indiana University Press, 1995, pp. 109-140.

PROSSER, Jay, *Second Skins, The Body Narratives of Transsexuality,* Nueva York, Columbia University Press, 1998.

ROBERTS, Marie-Louise, *Civilization without Sexes: Reconstructing Gender in Postwar France,* Chicago, University of Chicago Press, 1994.

ROSARIO, Vernon A. (ed.), *Science and Homosexualities,* Nueva York, Routledge, 1997.

ROSEN, Michel A., *Sexual Art, Photographs that Test the Limits,* San Francisco, Shaynew Press, 1994.

RUBIN Gayle, Entrevista con Judith Butler, «Sexual Traffic», en *Feminism Meets Queer Theory,* Elisabeth Weed y Naomi Schor (eds.), Indiana, Indiana University Press, 1997.

RUSH, Benjamin, *Medical Inquiries and Observations upon the Diseases of the Mind,* Filadelfia, 1812.

SCHÉRER, René, *Regards sur Deleuze,* París, Éditions Kimé, 1998.

SMYTH, Cherry, *Lesbians Talk Queer Notions,* Londres, Scarlet Press, 1992.

STAMBOLIAN, Georges y MARKS, Elaine (ed.), *Homosexualities and French Literature: Cultural Context/Critical Texts,* Ithaca, Cornell University Press, 1979.

STOLLER, Robert J., Sex *and Gender,* Nueva York, Aronson, 1968.

TANNAHILL, Reay, *Sex in History,* Nueva York, Scarborough House, 1980.

TEYSSOT, Georges, «Body Building», en *Lotus,* 94, septiembre 1997, pp. 116-131.

—, «The Mutant Body of Architecture», en *Ottagono,* 96, 1990, pp. 8-35.

TISSOT, Samuel Auguste, *L'Onanisme. Dissertation sur les maladies produites par la masturbation,* Lausanne, Grasset, 3.ª ed., 1764 (traducción al castellano, *El onanismo. Tratado de las enfermedades producidas por la masturbación y su tratamiento,* Barcelona, Estibil, 1845).

VANCE, Carol, *Pleasure and Danger: Exploring Female Sexuality,* Londres, 1984.

VENTURI, Robert, SCOTT BROWN, Dense, e IZENOUR, Steven, *Learning from Las Vegas,* Cambridge, MIT, 16.ª edición, 1998 (traducción al castellano, *Aprender de Las Vegas,* Barcelona, GG, 1998).

WEINER, Norbert, *The Human Use of Human Beings,* Nueva York, Avon, 1954.

WELLS BONES, Calvin, *Bodies and Disease. Evidence of Disease and Abnormality in Early Man,* Londres, 1964.

WITTIG, Monique, *The Straight Mind and other essays,* Boston, Beacon Press, 1992.

ZIMMERMAN, Jan (ed.), *The Technological Woman: Interfacing with Tomorrow,* Nueva York, Praeger, 1983.

NOTA DEL AUTOR

Este manifiesto es también un diario de viaje entre Francia y Estados Unidos. Llegué a París en enero de 1999, gracias a una invitación de Jacques Derrida, para asistir a su seminario de la *École des Hautes Études.* Vine a ver lo que podía querer decir «hacer deconstrucción» en Francia; también vine para encontrar la huella perdida de Monique Wittig. Cuando digo «deconstrucción», me refiero a la recepción transatlántica de la filosofía de Jacques Derrida, sobre todo a través de la lectura que de ella ha hecho Judith Butler, y a lo que se denominó la teoría *queer* en los años noventa.

Sin duda, es necesario preguntarse por las prácticas de lectura y de traducción que se producen a ambos lados del Atlántico... Lo que hace que la deconstrucción pueda parecer en Francia un juego intelectual políticamente neutro, mientras que en América es, ante todo, una práctica de infiltración e hibridación de los lenguajes que mina las funciones normativas y naturalizantes de las instituciones políticas y sociales, sumergiéndolas en una deriva irreversible. ¿Deconstrucción? Quizá sería mejor hablar de «traducción» o de «injerto» o simplemente de «dildo».

Este pequeño libro «encuentra» su lugar en el espacio político y teórico que habría podido quedar abierto en Francia si el *Straight Mind* hubiese sido publicado en francés, si su autora no se hubiese escapado hacia el desierto y si el lesbianismo radical francés no se hubiese escondido y traicionado a sí mismo tras el nombre de feminismo.

Hacer referencia a la filosofía *queer,* a lo que verdaderamente ha sido o a lo que podría ser es difícil. ¿Cuáles son los textos que deben formar parte de ella? ¿Dónde encontrar las mujeres que aún recuerdan los orígenes de un movimiento sexual político radical? ¿Cómo encontrar el hilo anglosajón que permite comprender la cadena lesbiana francesa? En esta búsqueda retrospectiva, cada informador tiene el rostro petrificado de Ruth, que sabe muy bien que su lengua de sal no le será de ninguna utilidad para narrar lo que ha ocurrido. Hablar de filosofía *queer* es viajar guiado sólo por una cartografía invisible y, finalmente, en la ausencia de solución en el horizonte, inventarse el Archivo.

AGRADECIMIENTOS

Al grupo francés activista *queer* ZOO y a todos aquellos y aquellas que vinieron al seminario Q en el invierno de 1999 y la primavera de 2000 cuando elaboré algunas de las ideas centrales de este libro, sobre todo a Xavier Lemoine, Marco Dell'Omodarme, Martine Laroche, Sophie Courtial, Nini Francesco Ceccherini, Jacques Isnardi, Bernadette Henique, Gérard Verroust, Catherine Viollet... Y a Suzette Robichon-Triton, a la que debo casi todas las piezas del archivo lesbiano que no he tenido que inventarme. A las feministas que en diferentes ocasiones me han dado la oportunidad de expresarme en los seminarios y en las conversaciones en Francia: Nicole Claude Mathieu, Danièle Charrest, Gail Pheterson, Françoise Duroux...

Al departamento de filosofía de la New School y a mis profesores Jacques Derrida, Agnes Heller, Richard Bernstein, Alan Bass, Jessica Benjamin, Jeffrey Escoffier, Dion Faquhar, Yirmiyahu Yovel, Alan Berubé, Joël Whitebook... A la comisión Fulbright de intercambios americano-españoles. A la Escuela de Arquitectura de la Universidad de Princeton, donde termino actualmente mi tesis doctoral, y especialmente a Beatriz Colomina y a Mark Wigley. A Georges Teyssot, que me dio la idea de reflexionar sobre la incorporación prostética y la prótesis. Si he aprendido de todos ellos, ninguno debe sentirse en modo alguno responsable del resultado inesperado de sus enseñanzas.

A Maryvonne Saison, que me alentó a trabajar sobre Deleuze y me dio la ocasión de leer públicamente, y por primera vez, el ejercicio contrasexual que trata de la homosexualidad molecular de Deleuze.

A Gabbie, del Toys in Babeland de Nueva York, que generosamente incrementó mi colección de dildos.

A mis padres, que han apoyado mis actividades de lectura y de escritura en contra de sus convicciones más profundas.

A LSD y a Fefa Vila, que fueron mis primeras lectoras en España. A Ana Gil Costa, que me ofreció mi primer ejemplar de *Straight Mind* en Nueva York. A aquellas y aquellos que, de distintas maneras, sabiéndolo o sin saber, han apoyado mi actividad intelectual como lesbiana: Pino Ortiz, Coloma Fernández Armero, Isabel Armero y Carlota Armero, Sally Gutiérrez, Beatriz Acevedo, Laura Cottingham, Luz María Fernández, María Mercedes Gómez, Antonio Blanch, Anne Rousseau, Marine Rambach, Charo Corral, Azucena Veites, María José Belbel... Y, sobre todo, a Coché Echarren, mi hermana y amiga.

A mi confiado editor francés, ano glorioso y buen transportador de dildos, Guillaume Dustan.

A Julio Díaz y Carolina Meloni, que me refrescaron la memoria del castellano con su excelente traducción. A Paco Vidarte y Cristina de Peretti, que revisaron esta edición. A Antonio Pastor Bustamante, que me animó a traducirme a mi propia lengua.

ÍNDICE